(주)비비테크
성열학 회장
자전적 에세이

제대로 성열學

다르게 생각하면 해답이 보인다

지은이 성열학

초이스북

(주)비비테크
회장

성열학

성열학은…

반도체 클린룸·유틸리티 전문가
경기CEO리더스클럽 초대 회장
수원산업단지관리공단 초대 이사장
수원시생활체육회 제7대 회장
제18기 민주평화통일자문회의 수원시협의회 회장

제대로 성열學
다르게 생각하면 해답이 보인다

발행일   2023년 11월 10일

지은이   성열학
펴낸이   최혜정
기획   이병원
디자인   이희철
인쇄   올인피앤비

펴낸곳   초이스북
주소   서울 종로구 자하문로67
전화   02-720-7773
이메일   choisbook@gmail.com

저작권자 ⓒ성열학, 2023
이 책은 저작권법에 의해 보호받는 저작물입니다.
책 내용의 전부 또는 일부를 이용하려면 반드시 저작권자와
출판사의 서면동의를 받아야 합니다.

ISBN 979-11-86204-39-9 03990

값 15,000원

비비테크 성열학 회장 자전적 에세이

[제대로 성열學]

다르게 생각하면 해답이 보인다

다른 기업을 시작할 때 행복했다.

주변 동료며 친구들이 박수갈채를 보냈기 때문이다. 보통은 창업한다고 하면 말리는 경우가 대부분인데, 나를 아는 내 주변 사람들은 모두 잘할 것이라며 응원해주었다.

20년을 채 못 채우고 삼성을 그만둘 때 나는 하고 싶은 게 참 많았다.

고향에 돌아가 농사를 대대적으로 지어볼까?

아니면 나의 장점을 살려 기업을 성장시켜볼까?

역시 창업 쪽으로 생각이 기울었다. 그런데 내가 창업한다니까 가족들의 반응은 50% 정도만 긍정적이었다. 혹시나 잘못되어 가족 구성원들에게까지 영향이 오면 어쩌나 하는 걱정 때문이었을 것이다.

하지만 동네친구 모임 '59회'는 달랐다. 내가 잘 다니던 삼성을 그만두고 회사를 차리겠다고 했더니 59회 친구 몇 명이 묻지도 따지지도 않고 통장과 도장을 내밀었다.

가슴이 뭉클했다.

물론 친구들의 통장과 도장을 쓰지 않고도 회사를 차릴 수 있었지만,

그런 일이 일어나지 않게 하려 처음 6개월간 정말 전력투구했다. 6개월간 쏟은 에너지가 20년 직장생활보다 더하면 더했지 못하지 않았다.

창업하면서 새삼 삼성이나 LG, 현대는 신(神)이라고 느껴졌다. 물론 문제점도 있겠지만, 경영적인 측면에서는 감히 범접하기 어려운 신의 경지에 이르렀다는 생각이 절로 들었다.

그런데 우리나라에서는 중소기업에 대한 평가절하가 자주 일어나는 현실을 보며 나라도 모델이 되어야겠다고 생각했다. 삼성에 근무할 때 협력업체를 방문할 일이 더러 있었다. 가보면 협력업체들이 고생하는 게 눈에 보였다. 그때마다 나라면 조금 다른 방법으로 회사를 운영할 수 있겠다는 생각을 하곤 했다.

대부분의 협력업체들은 발주처의 요구에 따라갈 수밖에 없는 수동적인 위치에 있다. 일의 양이 들쭉날쭉하고 그에 따라 매출기복도 심하다. 직원 수도 늘렸다 줄였다 해야 하는데, 늘리기는 쉬워도 줄이기는 힘들다. 매출은 줄고 인건비는 늘어나있으니 결국 은행 대출을 일으킬 수밖에 없게 된다.

우리 회사라고 예외는 아니다. 어느 해는 일이 많았다 어느 해는 일이 줄어들어, 직원 월급 주기도 벅찰 때가 있었다. 그래도 나름의 경영철학과 의식을 가지고 곁눈 팔지 않고 일했더니 다행히 재정적으로 큰 어려움 없이 회사를 키워올 수 있었다.

얼마 전 누군가와 얘기를 하면서 나는 이제 아들에게 경영권을 물려주고 다른 일을 찾아볼 것이라고 했더니 너무 이른 것 아니냐며 다시 생각해보라고 했다.

나는 생각이 다르다. 사람들은 중요하다고 생각하는 것을 꽉 움켜쥐고 놓지 않는다. 어느 날 주먹을 펴보면 아무것도 없고 너무 움켜쥐고만 있어서 손에 쥐만 날 뿐이다. 오히려 주먹을 펴서 중요한 것을 널리 퍼뜨려야 계속 발전하고 진화한다고 생각한다.

주변의 많은 사람들이 나를 보고 성공했다고 한다. 글쎄 성공했는지는 몰라도 나름 올바른 정신과 의식을 가지고 살아왔음은 자부한다. 그래서 이쯤에서 한번 나 자신을 돌아봐야겠다는 생각이 들었다. 내가 걸어온 길과 생각, 경험 등이 다른 사람들에게 조금이라도 도움이 된다면 좋겠다는 생각도 했다.

하지만 고민도 됐다. 고민 끝에 내린 결론은 내가 잘했다는 것을 부각하는 것이 아니라 "1. 생각하게 하는 책, 2. 의미 있는 책, 3. 도전정신을 심어주는 책"에 초점을 맞췄다.

무엇보다 나와 의식이 같은 사람들이 좀 더 많아지면 세상 변화가 좀 더 빨리 이뤄질 거란 기대감으로 이 책을 썼다.

우리는 뭔가에 심취하고 몰입했을 때 초인석인 능력을 발휘하며 희열을 느낀다.

이 책을 통해 내가 60여 년 살아오면서 이왕 하는 거 남들과 차별되게, 그리고 보다 진취적인 시각으로 몰입해 만든 결과들과 그로 인해 맛보았던 희열감을 독자들에게 전하고자 한다. 덧붙여 내 생각에 공감하는 중소기업들이 모두 탄탄한 강소기업으로 거듭날 수 있다면 더할 나위 없겠다.

또한 깨어있는 의식을 가지고 남들과 다르게, 치열하게 살다보면 우리가 사는 세상이 지금보다 훨씬 더 발전할 것이라는 희망도 담고 있다.

이 책을 읽고 나의 생각과 의식에 공감하는 독자가 단 한 분이라도 있다면, 그것으로도 족하며 다시 한 번 다짐한다.

이왕 하는 거 남들과 다르게, 제대로!!

축사

1.

선비정신과 상인정신을 두루 갖춘 세상에 꼭 필요한 사람 성열학! 조용하고 따뜻한 음성으로 전하는 그의 메시지는 언제나 큰 울림으로 주변을 깨운다. 존재 자체가 중소기업 운영 매뉴얼인 이 책을, 더 나은 세상을 꿈꾸는 모든 이에게 권한다.

김진표 국회의장

2.

그는 늘 행동으로 말을 대신한다. 그가 있는 곳엔 늘 좋은 사람이 있고, 그가 가는 곳은 곧 길이 된다. 조용한 줄만 알았던 그가 책으로 사람들을 만난다니 반갑고 설렌다. 특히 인생의 항로에 들어서는 젊은이들에게 꿈과 희망을 주는 나침반이 되리라 확신한다.

이재준 수원특례시장

3.

성열학 회장은 체육회 단체장으로 활동하며 체육계 발전에 큰일을 하여 추천인인 나의 어깨를 펴주었다. 예의와 성실함, 사랑, 의지와 봉사정신이 마음에 내재된 보기 드문 인재다. 만나면 절로 기분이 좋아지는 그를 나만 알고 있기엔 아까웠는데 책으로 세상에 나온다니 너무도 기쁘고 축하할 일이다.

김용서 전 수원시장

4.

많은 이들이 선망하는 삼성맨으로 안주하지 않고, 2004년 화성에서 창업해 '회사의 주인은 직원'이라는 신념 아래 화성시를 빛내왔습니다. 대한민국을 대표하는 중소기업을 이루기까지 끊임없는 도전과 열정은 성공을 꿈꾸는 많은 이들에게 좋은 나침반이 되어줄 것입니다. 진솔한 삶의 여정과 화성에 대한 사랑, 그리고 지역사회의 미래 발전에 대한 깊은 고민이 독자 여러분에게 오롯이 전해지기를 바랍니다.

정명근 화성시장

5.

비비테크 성열학회장께서 인생의 역작을 발간하심을 진심으로 기뻐하며 축복합니다.

사랑과 섬김의 모델이요, 이해와 용서의 모본! 겸손한 나눔과 베풂을 실천하시는 성열학 회장의 은혜의 단비 같은 글이 독자들의 생각과 언어와 눈빛까지 개선케 하리라 확신합니다.

고결한 품격과 경건한 영성, 건강한 육체와 탁월한 역량의 하모니가 무엇인지를 보여주는 수작(秀作)을 기꺼이 추천합니다.

고명진 학교법인 예닮학원 이사장

6.

나의 친구 성 회장님의 자서전 집필을 축하드립니다.

우리의 우정은 12년 전부터 시작되었죠. 회장님의 굳건한 선견지명, 기업인으로서의 능력과 철학, 그리고 포용력은 말로 표현할 수 없을 만큼 훌륭하십니다. 회장님이 월드베스트프렌드를 통해 바링고에 기여하신 업적에 매우 감사드립니다. 하나님께서는 회장님의 바링고를 위한 후원과 도움을 기억하시고 축복해주실 것입니다. 하나님의 무궁한 축복이 있으시기를.

벤자민 체시레 체보이 케냐 바링고주 지사

7.

긴 시간의 인고 끝에 육십여 년 인생사를 펴내심에 축하와 큰 박수 보내드립니다. 오랜 시간 함께 하며 지켜본 성 회장님은 소통을 중요시하며 사회봉사에도 열정적으로 헌신해 왔습니다. 또한 특유의 리더십으로 기업인 단체를 하나로 뭉치게 했습니다. 혜안과 안목으로 존경과 사랑을 받고 있는 성 회장님의 자서전 출간을 다시 한번 축하합니다

박준남 경동산업(주) 대표이사, 협성대학교 유통경영학과 교수

8

성열학 대표는 (주)비비테크 창업자, 대표로서 혁신적인 비전과 리더십으로 회사를 최고의 중견기업으로 성장시켰습니다. 이 자서전에서 성 대표의 생애와 경영철학, 그리고 성공비결을 잘 이해할 수 있을 것이라 확신합니다.

박철수 화성시연구원 원장, (전)수원대총장

9.

성 회장은 사람을 존중하며 사랑하는 최고의 리더이다. 우리 과 출신 취업생 중에 한 명도 퇴사한 적이 없고 모두가 가고 싶어 하는 신의 기업이다. 직장인 사관학교라 불리는 비비테크를 볼 때, 중소기업 구인난이 믿어지지 않는다.

이동욱 부천대학교 교수(IT융합비즈니스학과)

10.

우리의 미래인 청소년들에게 남다른 애정을 쏟는 성열학 회장님은 학교폭력예방위원회 발전을 위해 앞장서서 도와주시고 아버지 역할로 이끌어주셨습니다. 그 공로에 감사드리며, 더불어 잘살 수 있도록 노력하고 실천해온 삶의 궤적을 담은 자서전 출판을 진심으로 축하드립니다.

이익호 학교폭력예방위원회장, 한국근접무술연맹(KICS) 대표

11.

'성열학 집사님'을 만나면 작은 거인이 생각납니다. 본인은 낮아지고 남을 세워주는 정신이야 말로 '대접받고자 하는 자는 먼저 대접하라'는 성경 말씀을 생활 속에 실천하고 있는 분입니다.

교회 안에 신생기업가나 경험이 부족하여 힘들어하는 분이 있을 때 친형처럼 다가가 조언해 주고 용기를 북돋워 주는 모습은 많은 젊은이들의 롤모델이 되기도 합니다. 책 출판을 진심으로 축하드리며 많은 이들이 두고두고 읽는 사랑받는 책이 되기를 바랍니다. 감사합니다.

류철배 보배로운교회 담임목사

목차

서문 / 축사 | 006

Ⅰ. 수원에 와 눈이 떠지다

- *01* 비봉면 쌍학리에서 성삼문 18대손으로 태어나다 | 018
- *02* 체력 길러준 홍건표 선생, 더 큰 세상으로 보내준 장석표 선생 | 021
- *03* 수원중학교로 전학가다 | 024
- *04* 인생은 빈손으로 왔다 빈손으로 가는 것 | 028

Ⅱ. 군대에서 인생의 이정표 세우다

- *01* 이왕 하는 군대생활 한번 제대로 해보자 | 034
- *02* 군기확립은 필요하나 폭력은 안돼 | 038
- *03* 창설 부대 취사병에 자원 | 041
- *04* 이왕 하는 거 집밥처럼 해먹이자 | 044
- *05* 수송부로 복귀, 내무반 문화를 바꾸다 | 047
- *06* 겁도 없이 시작한 테니스장 건설 | 052

Ⅲ. 단 하루를 근무해도 사장의 마인드로

- *01* 삼성전자에 입사하다 | 058
- *02* 반도체는 왜 플러그인 시스템이 안 될까? | 062
- *03* 에어컴프레서 개선으로 2~3천억 절감효과 | 065
- *04* 성열학 사원은 '부장스타일' | 067
- *05* 수요일은 넥타이 매는 날 | 070
- *06* 다른 부서도 우리의 고객, 고객 감동이 아니라 졸도시켜라 | 072
- *07* 'Leak Zero' | 076
- *08* 1998년은 회사생활의 변곡점이었다 | 079
- *09* 반도체 일원으로 밖에서 이끌어가고 싶었다 | 082
- *10* 반사모 | 086

IV. 비봉, Best of Best, 비비테크

- *01* 창업할 때 행복했다 | 090
- *02* 붕어빵도 클린룸에서 만들면 경쟁력이 있다 | 094
- *03* 좋은 일터에서 일하면 생산성은 덤 | 098
- *04* 전문가 사관학교 | 104
- *05* 가정이 편안해야 일도 잘된다 | 107
- *06* 산학협력과 소사장제도 | 110
- *07* 한발 앞선 주5일 근무제 | 114
- *08* 담배 끊으면 30만 원 | 117
- *09* 경찰차가 출동하다 | 120
- *10* 일자리 우수기업 대표로 대통령과 나란히 앉다 | 122
- *11* 사장님이 미쳤어요 | 128
- *12* 수원산업단지관리공단 초대 이사장 | 131
- *13* 따거(大哥) | 136
- *14* 대기업과 소상공인에 끼인 중소기업 | 141
- *15* 적임자가 있을 때 빨리 물러나는 게 상책 | 144

V. 이웃을 통해 세상을 바라보다

- *01* '혼자만 잘 살믄 무슨 재민겨' | 150
- *02* 수원시생활체육회 제7대 회장 | 153
- *03* 유소년 축구팀 비비글로벌FC | 156
- *04* 월드베스트프렌드 회장 | 159
- *05* 김진표 의원과의 만남 | 164
- *06* 제18기 민주평화통일자문회의 수원시협의회장 | 168
- *07* 민선8기 수원특례시장 인수위원장 | 172

VI. 성열학을 말하다

- *01* 초·중·고 동창이 본 성열학 – 권영주 | 176
- *02* 직장 동료가 본 성열학 – 김범수 | 182
- *03* 직장 후배가 본 성열학 – 강종훈 | 186
- *04* 임원이 본 성열학 – 김인수 | 189
- *05* 직원이 본 고용주 성열학 – 이해훈 | 194
- *06* 창업한 직원이 본 성열학 – 이병석 | 199
- *07* 목회자가 본 성열학 – 차보용 | 203
- *08* 군대 후임이 본 성열학 – 김시택 | 209
- *09* 민주평화통일수원시협의회 실장이 본 성열학 – 강소영 | 213
- *10* 수원시생활체육회 총무이사가 본 성열학 – 이순우 | 217
- *11* 아내가 본 남편 성열학 – 김은숙 | 220
- *12* 아들이 본 아버지 성열학 – 성진규 | 224

제대로 성
열學

— 다르게 생각하면 해답이 보인다

I.

수원에 와
눈이
떠지다

수원중학교에 등교하면서부터 비봉과 수원 사이의
격차를 실감했다. 심지어 자취방에서 올려다보는 밤하늘의 별도
비봉면에서 보던 것보다 더 근사하게 느껴졌다.

01

비봉면 쌍학리에서
성삼문 18대손으로 태어나다

고향 친구들을 태우고 경운기를 운전하곤 했다.

내 고향 비봉면 쌍학리는 성씨들이 모여 살고 있는 집성촌이다. 나는 성삼문의 18대손으로 7남매 중 위로 누나 둘이 있고 아들로는 첫 번째로 태어났다. 이후 남동생 셋, 막내 여동생이 태어났다. 큰누나가 55년생이고 둘째 누나는 58년생, 내가 59년에 태어났다. 부모님 두 분은 모두 35년생으로 나와는 24년 위 띠 동갑이다.

증조할아버지는 훈장이셨다고 한다. 그런데 자식은 가르치지 않으셔서 할아버지가 무학이었고 아버지도 어깨너머로 글을 배우셨다고 한다. 아버지는 배움은 길지 않으셨지만 군대 가서 동료 사병 편지를 대신 써줄 정도로 글을 잘 쓰셨다. 요샛말로 오지랖도 넓어서 온갖 마을일은 도맡아 하시며 방치돼 있던 문중 땅을 여기저기서 찾아내 정리해놓으셨고 동네 대서(代書) 일도 다 아버지가 해주셨다.

그러다보니 집안일은 모두 어머니가 해내셨다. 2~3년, 연년생 터울의 아이들이 학교에 다닐 때, 어머니는 새벽같이 일어나 아이들 도시락 5~6개를 싸셨다. 아마 10년 가까이 대여섯개의 도시락을 싸셨던 것 같다. 게다가 우리 집은 우리 집은 동네에서 제법 크게 농사를 지었는데, 어머니가 그 큰 농사와 원예농사, 누에 키우기, 그리고 집안 살림까지 모두 해내셨다.

어머니의 근면성은 타고나신 것 같다. 평생 그야말로 몸이 부서져라 일만 하셨다.

나의 초등학교 시절은 그런 어머니를 따라 일한 기억밖에 없다. 학교 갔다 마을 어귀에 들어서면 벌써 저 멀리서 "열학아, 어서 와 이거 저기로 갖다 놓아라"라는 어머니의 외침이 들려왔다. 나는 일하기 싫어 일부러 못들은 척 냅다 달려 집으로 들어가기도 했다.

농사 외에 누에도 쳤다. 6장반[1] 규모로 잠실(누에 키우는 방) 창고가 따로 있을 정도였다. 이는 화성시에서는 제일 큰 규모였으며 전국에서도 손꼽힐 정도로 큰 농사였다. 뿐만 아니라 누에 가공업까지 했으니 요새 말하는 6차산업(1차 농업×제조가공×판매서비스)을 이미 50여 년 전에 우리 부모님은 시행하셨던 셈이다. 나도 부모님을 도와 누에 뽕잎 준다고 잠실

---

1. 누에농사의 단위로 1장은 누에 알 1만 마리를 말한다. 6장반이면 누에 알 6만5천 마리 규모이다.

모교인 비봉초등학교 운동장에서

에 들어가 그대로 잠이 들어 깨어나 보면 이튿날 아침이었다. 세수도 안하고 허겁지겁 가방 둘러메고 등교해 자리에 앉으면, 뒷자리 친구가 내 머리에 묻어있는 터진 누에를 보고 이게 뭐냐고 놀린 적도 많았다.

그만큼 초등학생 때는 아무 의식 없이 그저 아침이면 학교에 가고, 수업 끝나면 가방 메고 집으로 돌아오곤 했다. 조는 게 절반이었던 수업시간 중에도 계산, 수치, 화학기호 등이 나오면 잠이 싹 달아났다. 선생님이 설명해주시는 내용들이 머리에 쏙쏙 들어왔다. 너무 재미있어서 수업 종이 울리면 '왜 이리 일찍 끝나지?' 하고 아쉬울 정도였다.

나를 비롯하여 우리 집 남자형제 4명은 모두 운동신경이 남달랐다. 초등학생 시절 키가 작은 데도 닭싸움이며 씨름 등 육탄전에서 항상 1등을 했다. 6학년 때 담임인 강정부 선생님은 동생의 담임도 하셨는데, 일찍이 동생의 운동신경을 알아보셨던 것처럼, '성열학'이 가장 기억에 남는 제자라고 하실 만큼 나도 모르는 나의 재능을 꿰뚫어보셨다.

02
체력 길러준 홍건표 선생님,
더 큰 세상으로 보내준 장석표 선생님

초등학교를 졸업하고 바로 옆에 있는 비봉중학교에 배정 받아 입학했다. 1955년 비봉농림기술학교를 모태로 하는 비봉중학교는 1960년 홍건표 선생님이 재단법인 일지학원을 설립하고 1961년에 개교한 사립학교이다. 설립자인 홍건표 선생님은 일찍이 짚신 들고 서울로 가서 성공할 때까지 고향에 안내려온다는 각오로 고생해 성공한 입지전적인 인물이다. 유도 공인 8단인 홍건표 선생님은 비봉으로 돌아와 학교를 설립하고 유도학교로 특성화시켰다. 전교생이 유도복을 갖추고 남학생은 중학교 졸업 시 유도 1단, 고등학교 졸업할 때까지 2단을 따야 했고, 여학생은 고등학교 졸업할 때까지 유도 1단을 따도록 했다. 이런 설립자의 의지로 비봉중·고는 전국체전에 34명이 출전해 단체전, 개인전을 우승하는 전국체전 사상 전무후무한 성과를 거두면서 유도 명문학교로 부상했다.

돌이켜 생각해보면 홍건표 선생님은 실용교육의 선지자였다. 매주 월,

수, 토요일 아침에 조회를 하고 '체력은 국력'이라는 구호 아래 전교생을 학교 뒤 왕자봉(비봉산 정상)까지 뛰어 올라가 '야호'를 외치고 내려오게 했다. 뿐만 아니라 실과 시간이 전체 수업의 반을 차지할 만큼 비중을 두어 교육했다.

또한 학교 운영과 홍보에도 귀재였다는 생각이 든다. 학교를 지으며 비봉읍내 도로를 포장해주었고, 명절이면 비봉읍내 어려운 사람들에게 양말 등의 선물을 돌리곤 했다. 또 스쿨버스를 운행해 타 지역에서도 비봉에 지원하는 학생들이 몰리면서 한 학년이 6학급으로 늘어났다.

그때는 산에 뛰어올라갔다 오고, 단체로 유도 훈련하는 것이 힘들었으나 지금 생각해보니 단순히 그것만으로 끝나는 게 아니었다. 홍건표 선생님은 질풍노도의 시기에 있는 청소년들에게 단체생활을 통해 사회성과 자제력, 배려심을 길러주려 하셨던 것이다.

중학교 3학년 때 담임이자 지금까지도 은사님으로 모시는 장석표 선생님은 유도 5단으로 홍건표 교장의 제자시다. 비봉중학교를 설립할 때 홍건표 선생님과 함께 내려와 우리에게 체육을 가르치셨다.

중학교 2학년 때 기술 선생님이 사정이 생겨 장석표 선생님이 대신 기술과목도 가르치셨는데, 그 시간이 너무 재미있었다. 그런데 그 선생님이 중3때 담임이 되셨다.

당시만 해도 남자 중·고등학교에서는 체벌이 다반사였다. 아니 무조건 때리고부터 시작하는 교사들도 꽤 많았다.

어느 날 수학시험을 보았는데, 수학 선생님이 무조건 나를 때리더니

비봉초등학교 교문 앞에서

저쪽에 가서 다시 시험을 보라고 했다. 100점이 나왔다. 그랬더니 내일 아침 8시까지 등교하라고 했다. 아침잠이 많은 나는 8시 50분에 등교했다. 늦게 왔다고 또 맞았다. 그리고 다음날에도 8시까지 등교하라고 했다.

다음날은 시간을 맞춰 학교에 갔더니, 반 친구들에게 수학을 가르치라고 했다. 나의 수학시험 점수가 믿기지 않으셨던 것이다. 내가 아는 대로, 내 눈높이에서 수학을 가르쳤는데 그게 소문이 나서 다른 반 여학생들이 달려와 창문으로 구경하기도 했다. 그때 막연하게나마 내가 이과(理科)에 적성이 맞나보다는 생각을 했던 것 같다.

#03
수원중학교로 전학가다

내가 비봉초등학교에 입학할 때 6학년인 큰누나는 비봉초 졸업 후 시험을 봐서 수원여중에 합격했다. 당시 비봉면에서 그것도 쌍학리에서만 2명이 수원여중에 합격하자 온 동네가 잔치분위기였다. 우리 부모님도 음식을 장만해 동네 사람들 불러다 먹이고 춤추며 쌍학리에서 인재가 났다고 좋아하셨다.

큰누나는 수원여중 졸업 후 수원여고로 진학했다. 이 역시 대단한 일이었다. 누나는 대학 진학 대신 주산 부기 등을 배우며 취업 준비를 했다. 수원여고 졸업 후 삼성전자에 입사한 누나는 거기서 매형을 만나 결혼했다.

수원이라는 도회지에서 학교를 다니며 사람은 모름지기 큰물에서 놀아야한다는 것을 실감했던 큰누나는 장남인 나를 수원에서 공부시켜야 한다며 내가 비봉중학교 2학년말일 때 학교를 찾아와 전학 신청을 했다.

학교에서는 모두 반대했는데, 장석표 선생님은 생각이 달랐던 것 같다. 3학년이 되었는데 마침 장석표 선생님이 우리 반 담임이 되셨다. 기술을 가르치실 때부터 나를 눈여겨보셨던지 장석표 선생님은 "너는 곧 수원으로 전학가야 하니"라며 23번이었던 내 출석번호를 맨 끝 번호로 바꿔놓으셨다. 그때 선생님의 배려를 생각하면 지금도 가슴이 뭉클해진다.

내 인생의 첫 번째 전환기를 마련해주신 장석표 선생님을 어찌 잊을 수 있겠는가. 사회생활을 하면서부터 지금까지 스승의 날이나 명절 때면 잊지 않고 인사를 드리고 있다. 선생님도 "지금까지 나를 챙기는 사람은 성열학 자네뿐"이라고 하셔서 그저 송구스러울 따름이다.

1974년 3월 27일, 나는 수원중학교에 배정을 받아 전학 갔다. 수원중학교에 등교하면서부터 비봉과 수원 사이의 격차를 실감했다. 심지어 자취방에서 올려다보는 밤하늘의 별도 비봉면에서 보던 것보다 더 근사하게 느껴졌다.

학교 수준 차이는 더 심했다. 당시 수원은 비평준화지역으로, 3학년 1학기가 아직 끝나지도 않은 6월에 중학교 모든 과정을 끝냈다. 이후부터는 각자가 목표로 하는 고등학교 입시준비를 하라고 했다.

그러면서 자습은 다음시간부터 하기로 하고 오늘은 각자 어떤 포부를 가지고 있는지 발표해보라고 했다. 먼저 반장이 일어나 자신의 꿈을 발표했다.

"나는 진주고등학교 시험 준비를 하고 있으며, 진주고를 나와 서울대 상대에 들어가 행정고시를 준비해 합격하면 경제기획원 공무원이 될 것입니다."

또 다른 학생은 "세금을 잘 내는 평범한 시민이 될 것입니다."라고 했다.

정신이 번쩍 났다. 내 차례가 오면 무슨 얘기를 할까 고민하던 중 수업 종이 울려 지나가고 말긴 했으나, '비봉과 수원의 차이가 이렇게나 크구나'를 다시 한 번 느꼈다. 그때까지 한 번도 생각해보지 않은 나의 앞날에 대해 고민하는 계기가 되었다. 그때부터 엔지니어를 꿈꿨던 것 같다.

어쨌든 나름 열심히 공부해서 수원고등학교에 진학했다.

당시 수원고 학생들의 수준이 어땠는지 알 수 있는 일화가 있다.

반에서 '좀 노는' 애들은 종종 수업시간에 몰래 교실을 빠져나가 놀다 오는 일명 '땡땡이'를 치곤 했다. 그날도 한 명이 교실을 나가려다 선생님께 걸려 맞는 일이 있었다. 몇 대 맞은 그 친구는 "잠깐만요, 왜 때리시는데요? 거 애들도 보는데 그만하시지요."라고 점잖게 교사를 말리는 것이 아닌가! 선생님도 더 이상 때리지 않았다. 자존감과 자긍심이 배어나는 수준 있는 저항(?)과 또 그 저항을 인정하는 훈육이었다.

나는 1979년에 수원고등학교를 졸업하고 한양대 공대 시험을 봤으나 낙방했다. 아버지는 그래도 대학은 나와야 한다며, 안양에 있는 공업전문학교에 원서를 넣으셨다. 6개월을 다녔으나 별로 재미가 없었다. 치기 어린 마음에 배울 것도, 써먹을 것도 없어 보였다. 집에서는 내가 계속 학교에 다니는 줄 알고 있었으나 나는 1학년 1학기를 마치고 바깥세상으로 나돌았다. 수원역에서 구두 닦는 사람들과 사귀어 구두도 닦아보고,

그들과 함께 당구도 치러 다니곤 했다.

내심 편입시험을 쳐서 원하는 대학에 들어갈 요량이었으나, 그때 대학 편입제도가 없어졌다고 해서 희망을 버리고 1981년 졸업만 겨우 했다.

그해 5월 군대 입대 영장이 날아왔다.

수원중고 졸업식

04
인생은
빈손으로 왔다 빈손으로 가는 것

아버지는 7남매 중 셋째지만 아들로서는 장남인 내가 군대 갔다 와서 농사일 돕는 걸 마뜩치 않아 하셨다. 7남매의 장남에 시골에서 농사짓는다고 하면 누가 시집오겠나 싶으셨던 거다.

'이왕 하는 거면 제대로 하자'는 내 성격상 부모님이 평생 농사일 하셨던 걸 보면서, 나라면 이렇게 하겠다, 저렇게 하겠다는 궁리가 생겨났다. 비닐하우스에서 오이 한 줄 따고 나면 땀으로 흠뻑 젖어 옷이 천근만근 되어도 나름 재미있었다.

그러나 아버지는 결사반대셨다. 거의 쫓겨나다시피 수원으로 와, 큰매형의 귀띔으로 삼성전자에 취직했다. 이 무렵 바로 아래 동생이 매일같이 여자 친구를 데려왔다. 내가 빨리 자리를 비켜주어야겠다는 생각이 들었다.

어느 날 결혼해서 서울에서 살고 있는 바로 위 누나가 퇴근하면 바로 서울 프라자호텔로 오라고 했다. 기흥에서 서울 남대문 본사사옥(동방프라자)까지 회사 셔틀버스를 타고 와 아내를 처음 만났다. 힘든 만남인데 잘 이어가야겠다고 생각해, 거의 매일 서울로 올라와 백화점에서 일하는 아내의 퇴근을 기다렸다.

일곱 번쯤 만났을 때 아내는 "삼성은 어떤 걸 가지고 출입하느냐"며 관심을 보이기 시작했다. 나중에 들은 얘긴데 그때까지 내 이름을 기억하지 못해, 출입증을 보여 달라고 한 것이었다. 아내가 마음을 연 것을 보고, 내친김에 예비 장인장모를 뵈러 갔다. 장인도 나를 잘 보셨는지, 아내를 설득하셨다고 한다. 결국 만난 지 여섯 달만에 결혼했다. 수원 고등동 지하 단칸방에 신혼살림을 차렸다.

그 집에서 아들이 태어났는데 결로현상으로 곰팡이가 피어나 서너달 간격으로 벽지를 새로 발라야 했다. 이 집에서 어서 빨리 벗어나고픈 아내는 고등동 오거리에 월세로 가게 딸린 방을 얻어 메리야스가게를 열었다. 나는 회사 그만둘 테니 당신이 먹여 살리라고까지 하며 반대했으나 아내의 강한 생활력은 막을 수 없었다.

아내는 새벽이면 서울 남대문시장에 가서 물건을 떼어다 팔았다. 얼마 후 가게를 처분하고 전세를 얻어 이사했는데, 이번에는 화장품 병에 라벨 붙이는 부업을 시작했다. 집에 오면 방안 가득 화장품 병과 딱지들이 널려 있는 게 싫었다. 무거운 짐 들고 계단 오르내릴 때도 일부러 모른 척 했다.

그런 와중에도 나는 한 달에 두세 번은 직장동료들을 데리고 집에 왔다. 보통 10여 명, 많을 땐 80명까지도 불러다 밥을 해먹이곤 했다. 아내는 애 업고 시장 봐와서 온갖 음식을 차려냈다. 고등동 오거리 집 앞이 마침 삼성전자 셔틀버스 정류장이어서 우리 집은 직원들의 대합실이나 마찬가지였다. 아내는 고향에 가는 직원들에게 차비를 쥐어주기도 했고, 언제 들이닥칠지 모를 직원들을 위해 이부자리를 따로 마련해놓기도 했다. 이렇듯 아내의 헌신적인 뒷바라지가 있었기에 지금까지 올 수 있었다. 정말 고마운 사람이다.

사실 비봉면에서 우리집은 꽤 부농이었다. 그 큰 농사를 부모님 두 분이 짓고 계시니, 장남인 나로서는 시간 나는 대로 내려가 농사를 도왔다. 농사철에는 농가지원 휴가를 내어 고향에 가기도 했다. 아내도 같이 가 어머니와 함께 집안일, 밭일, 논일을 거들었다. 아내는 특히 일 욕심이 많은 어머니에게 알게 모르게 시집살이를 했을 것이다.

어느 날 삼성 천안공장으로 내려갈 기회가 생기자 아내는 적극 지원하라고 했다. 시집과 멀어지면 시집살이를 덜할 거라 생각한 게다. 장남으로서 내 생각은 달랐다. 아내를 설득할 수밖에 없었다.

"어머니는 정말 특별하고 강한 분이야. 할아버지도 일 안하셨고, 아버지도 일 안하셨으니 어머니가 일할 수밖에 없는 상황이었어. 어머니도 속 많이 썩으셨을 거야. 당신은 며느리이니 일도 아니라고 생각하실 어머니를 이해해드려."

결혼 15년쯤 됐을 때, "우리는 쌍학리 재산은 받지 않는다"고 아내에게 선언했다.

아내는 "왜 안 가져와? 내가 큰며느리이고 그동안 한 일이 얼만데?"라며 서운해 했다.

나는 "당신이 사는데 아무 문제없도록 할 테니, 부모님 재산은 알아서 하시게 하자"고 했다. 그리고 틈날 때마다 '태어날 때 빈손으로 왔듯이 돌아갈 때도 빈손으로 가는 게 맞다'며 계속 아내를 세뇌(?)시켰다.

아무것도 없어야 다른 자구책을 마련키 위해 정신을 일깨울 수 있고, 나름의 목표를 가지고 살아갈 수 있다고 판단해 받지 않았던 것인데 지금 생각해도 잘한 결정인 것 같다.

처음엔 서운해 했던 아내도 그런 내 뜻을 이해하고는 말없이 두둔해주었다.

1985년 11월 10일 결혼식을 올렸다.

제대로 성 열 學

— 다르게 생각하면 해답이 보인다

Ⅱ.

군대에서
인생의 이정표
세우다

내가 병장이 되자마자 중대장은 나에게 내무반장 완장을 채워줬다. 내무반장으로서 나의 일성은 "이 시간 이후로 우리 내무반에서는 고참 군화 닦고 심부름하는 일 없다. 각자의 일은 각자 알아서 하고 청소도 나눠서 한다."였다.

01
이왕 하는 군대생활
한 번 제대로 해보자

1981년 5월 9일 논산훈련소에 입대했다. 나보다 생일이 하루 빠른 9촌 아저씨뻘과 함께 머리를 빡빡 깎고 훈련소로 들어가며 이렇게 말했다.

"아저씨 혹시 군대생활하다 애로사항 있으면 나 찾아와. 내가 다 해결해줄 테니."

어디서 나온 자신감인지 모르겠으나 그만큼 나는 잘할 자신이 있었다. 이왕 하는 군대생활 진짜 한번 멋있게 제대로 해보자고 주먹을 꽉 쥐었다.

논산훈련소에 들어갈 때 1,000여 명이 함께 들어간 것으로 안다. 처음 2박3일간은 대기하면서 훈련병으로 합격되면 사복을 계급장 없는 군복으로 갈아입게 한다. 소대당 40명씩 25소대로 나뉘어 한 달 동안 기초 군사훈련을 받았다.

나는 식당사역을 했다. 뭐 하나라도 더 먹을 수 있는 좋은 기회였다. 입

1984년 행주산성 야유회(오른쪽 두 번째가 나)

대한 다음날로 기억하는데, 식당에서 끓는 기름통이 넘어져 사병이 화상을 입고 병원으로 이송되는 사고를 목격하기도 했지만, 논산훈련소는 최고의 교육기관이라는 생각이 든다. 물론 때리고 욕설이 난무하긴 하나 군기가 바짝 들어 눈짓 하나만으로도 그 많은 훈련병들이 일사불란하게 움직이는 것은 아름답기까지 하다. 흔히 군대 갔다 오면 사람이 된다고 하는데, 나도 그랬던 것 같다.

논산훈련소에서 4주간의 훈련을 마치고 나면 병과를 정하기 위해 담당관과 면접을 한다. 면접 후 병과가 정해지면 주특기를 갖추기 위한 후반기 교육을 받은 후 자대로 배치된다.

담당관이 내게 물었다.

"사회에서 뭐 하다 왔어?"

"전공은 기계를 했고, 아버지를 도와 경운기와 트랙터를 끌며 농사일하다 왔습니다."

이 말에 수송부로 배치됐다.

나와 같이 수송부로 배치 받은 100여 명이 수송학교로 가서 12주 정도 교육을 받았다. 같이 입대한 동기라는 연대감이 있었는지 나름 재미있게 교육 받았다.

교육이 끝나고 자대배치를 하는데 1번부터 14번까지는 방공포사령부로, 15번부터 30번까지는 또 다른 부대로 하는 식으로 나눠졌다. 당시 방공포사령부는 송탄에 있어서, 내심 고향 가까이서 군 생활 할 수 있겠다는 희망을 가졌다. 야간열차에 커튼까지 내리고 오니 도무지 어디가 어딘지 알 수 없었는데, 여기저기서 들리는 소리로 수원까지 왔다가 다시 내려간다고 했다. 송탄에서 몇 명을 떨구고, 다시 광천으로 내려가더니 군산, 비인, 안중을 오르락내리락하며 동기들을 차례차례 내리게 했다.

드디어 내 차례. 더플 백을 메고 열차에서 내렸다. 군산이었다. 나를 인솔하러 나온 하사가 마치 산신령할아버지처럼 보였다.

하사관이 "너 어디 사람이야?"라고 물었다.

내가 경기도 화성이라고 했더니 "화성 어디?" 재차 물었다.

비봉면이라고 했더니 "어? 그래? 너 강 아무개 알아?"라고 물었다.

마침 아는 사람이었다. "네 친굽니다."

"오 그래? 알았어, 알았어."

처음 본 나를 반갑게 맞으며 긴장을 풀어준 이성표 하사와 함께 군산에서 버스를 타고 군산비행장으로 갔다. 비행장에 가까워지면서 환한 불

빛이 다가왔다. 그때까지 우리 고향은 가로등도 없었는데 그 넓은 비행장이 환하게 밝혀져 있으니, 무슨 파라다이스에라도 온 기분이었다. 비행장에서 다시 미군 셔틀버스를 타고 내무반으로 갔다. 자정이 다 된 시각임에도 내무반원들 모두 나를 기다리고 있었다. 내가 들어서자 모두 일어나 박수로 나를 맞아주었다.

이름이나 알고 자야하니 소개해보라는 사람, 내 옆에서 자라는 사람 등 가족적인 내무반이었다.

다음날 아침 행정병인 부사관이 나를 데리러 왔다. 산꼭대기에 있는 기지로 가서 중대장에게 전입신고를 해야 한다고 했다.

미리 교육 받은 대로 "철매! 이병 성열학, 전입을 명받았습니다."라고 신고했다.

거기까지는 좋았는데, 중대장의 질문에 나도 모르게 "~요"라고 사제 말로 대답을 했다. 내무반의 환대에 그만 하룻밤 새에 긴장이 풀렸나 보다.

중대장은 군기가 빠졌다며 15일간 특별훈련을 받게 했다. 23명이 있는 곳으로 가서 총검술, 태권도 등의 훈련을 하며 부대 분위기를 익혔는데, 내게는 더 좋은 시간이었다.

02
군기확립은 필요하나
폭력은 안돼

팀스피리트 훈련 때 경계근무

신참 시절 모두를 기함시키는 사건이 하나 더 있다. 자대에 배치되고 나서 얼마 안 돼 독수리작전 훈련이 있었다. 겨울이라 흰색 위장복을 입고 교대로 보초를 섰다. 안 그래도 잠이 쏟아지는 이등병 시절, 꼿꼿한 자세로 보초를 서고 있자니 졸음이 밀려왔다. 아무리 눈을 부릅뜨고 머리를 흔들어도 쏟아지는 잠을 이길 수는 없었다. 결국 눈 밭 나무 밑에 쓰러져 잠이 들었다. 소대장이 순시를 하다 보니 보초병이 보이질 않았다. 순간 비상이 걸렸으리라.

"여기 성열학 이병 있어?"

그 순간 어디선가 코 고는 소리가 들려왔단다.

누군가 흔들어 깨워 일어나니 소대장이 "똑바로 보초 서야지, 위치로!"

하고 간단명료하게 지적과 지시를 하더니 다음 순찰지로 돌아갔다.

그제서야 정신이 돌아온 나는 '이제 죽었구나' 하는 생각에 그날밤 잠을 이룰 수가 없었다.

다음날 소대장이 내무반에 오더니 매트리스를 깔라고 했다. 그러더니 "성열학 이병, 취침 위치로. 아무도 건드리지 마."

정말 세상모르고 꿀잠을 잤다. 보통은 때리고 기합주고 했을 텐데, 오죽했으면 보초 서다 잠들었을까 배려한 처사였다. 실컷 자고 일어난 나는 어떻게 했을까? 더 열심히 최선을 다해 복무했음은 뻔한 일 아닌가? 지금도 잊히지 않는 멋진 소대장님 많이 뵙고 싶습니다.

그렇다 군인도 사람이다. 모든 군인들은 다 이등병 시절을 겪는다. 선임, 고참들이 자신의 초년병 시절을 생각한다면 폭력을 사용한 군기확립이 얼마나 비효율적이고 악순환을 초래하는지 알 수 있을 텐데…

군 생활하면서 늘 이런 아쉬움이 있었다. 화내고, 때리고, 강압적으로 하면 속도는 좀 빠를 수 있겠으나 그 결과물의 질은 장담할 수 없다. 리더십으로 부하들을 이해시켜 자발적으로 할 수 있도록 하면 속도가 느릴 수도 더 빠를 수도 있지만 결과는 차원이 다를 것이다.

물론 군기확립을 위한 '얼차려'는 나는 필요하다고 본다. 육체적인 단련을 통해 기강이 잡히고 정신무장도 되니, 나름 좋은 방법이라고 생각한다. 그러나 거기까지다. 왜 때리고 욕을 할까?

전체를 통솔하기 위해 본보기로 한 사람을 희생양 삼으면 군기는 잡힌다. 그러나 희생양이 된 사람에게는 군대생활 내내, 어쩌면 인생 내내 씻을 수 없는 상처로 남을 것이다.

대부분의 기합과 폭력, 가혹행위는 '내가 이런 사람인데 내 말을 안 들어? 웃기는 놈이네' 라는 감정풀이에서 나온다. 군 생활이 끝나면 다시 안볼 사이이기 때문에 마구 대하는 것이기도 하다. 하지만 군대생활이 365일 내내 기합 주고 욕해서 군기를 잡을 만큼 긴박한 상황만 있지는 않다. 그런데 왜 욕설과 폭력으로만 대하려 할까? 그렇게 하지 않고도 얼마든지 통솔할 수 있고, 재미있게 군 생활할 수 있을 텐데… 군대 생활 내내 이런 생각이 떠나지 않았다.

자식을 군에 보낸 부모들은 첫 면회를 손꼽아 기다린다. 처음으로 집을 떠나 단체생활하며 힘든 군사훈련을 받았을 자식 생각에 온가족이 바리바리 음식을 싸들고 와 먹이며 울고불고 한다.

우리 부모라고 다를 바 없을 것이다. 내가 군산에 배치되고 얼마 안 돼 면회 오신다는 편지를 받았다. 심지어 큰누나가 신혼시절 세 들어 살던 집주인 아주머니까지 고향이 군산이라며 면회에 동행하겠다고 했단다.

편지를 읽자마자 외박증을 끊어 위수지역 밖인 전북 군산에서 경기 화성의 고향집으로 갔다. 어머니 아버지께 "나는 이렇게 편하고 행복하게 잘 지내고 있는데 왜 면회를 오시느냐, 절대로 오시지 말라"고 신신당부하고 그 길로 군대로 돌아왔다.

군대생활 잘 하고 있어도 부모님 눈에는 고생으로 보여 마음이 아플 것이고, 자식은 심란해져 한동안 군 생활에 지장을 줄 것이 뻔했기 때문에 나는 부모님의 면회를 절대 사절했다.

03
창설 부대
취사병에 자원

　창설하는 부대는 중대 당 90여 명씩 6개 중대로 구성된 대대급으로 560여 명이 차출되었다. 우리 부대는 미군부대를 인수해 창설하는 부대로 미군이 일시에 한꺼번에 나가고 육군이 들어간 게 아니라 2~3개월 부대 상황을 파악하는 인수인계 기간을 거쳤다. 이 과정에서 미군은 철수하고 카투사는 그대로 한국군으로 흡수되었는데 갑자기 신분이 바뀌게 된 카투사들이 매우 긴장했다는 여담도 있다.

　6개 중대 중 전투중대인 1~4중대는 방공포 부대로, 내가 속한 지원중대와 본부중대는 벽제로 갈 예정으로 콘센트 막사에서 중대별로 지내며 창설 준비를 했다.

　전국에서 차출돼온 서로 모르는 90명이 한 중대로 묶여 함께 잠자고 생활했다. 식사도 자체 해결해야 하므로 중대당 2명씩 취사병을 뽑았다. 모두 14명의 취사병을 뽑았는데 나도 그 중 한 명이었다.

14명의 취사병이 처음 모인 날 세월이 느껴지는 누런 병장 계급으로 보아 최고참인 듯한 사람이 "여러분 반갑습니다. 잘 주무셨죠?"라고 인사를 했다. 그리고 입대시기를 두 달로 끊어 선임, 동기, 후임을 정해주었다. 말하자면 1~2월에 입대한 사람이 동기고, 3~4월 입대자는 그 아래 동기, 5~6월 입대자는 또 그 아래 동기로 위계를 정해주며 서로 얼굴을 익히라고 했다.

5월 9일에 입대한 나는 4월말에 입대한 사람을 선임으로 모셔야 했다. 더욱이 5~6월 입대 동기는 4명인데 반해 3~4월 군번은 13명이나 되어 4명이서 13명의 선임을 받들어야 했다.

다음날 어제의 최고참 병장보다는 아래인 듯한 병장이 취사병들을 모아놓고, "상병고참 앞으로" 했다. 세 명이 나왔다. 그러자 아무 이유도 없이 상병을 때렸다. 그 중 한 명은 맞자마자 나자빠졌다가 바로 일어나 '상병 ○○○'하고 외쳤다. 또 맞고 비틀거리다가도 오뚜기처럼 일어나 '상병 ○○○' 하고 바로섰다. 지켜보던 우리는 바짝 긴장할 수밖에 없었다.

다음날이 되자 어제 맞았던 상병들이 후임 상병들을 불러냈다. 그리고 똑같이 묻지도 따지지도 않고 때렸다. 그렇게 3~4일간 아래 계급에게로 내려가며 때렸다. 취사병 사이의 군기확립 의식이었다.

'꼭 이렇게 해야만 군기가 잡히는 건가? 이거는 아니지 않나?' 울화가 치밀었지만 나 혼자만으로는 역부족이었기에 꾹 참을 수밖에 없었다. 그나마 맞으면서도 바로 일어나 차렷 자세를 유지했던 그 상병은 "앞으로 우리가 더 긴장하고 군기를 잘 잡아가도록 하자"고 신사적으로 얘기했다. 참 멋있어 보였다.

시흥에서 창설 준비를 끝내고 벽제로 전출 와서 처음으로 본부중대장(대위)에게 면담을 신청했다.

"드릴 말씀이 있습니다."

"뭔데? 인마, 얼른 얘기해 나 바빠."

"제가 사회에 있을 때 요리를 좀 했습니다. 취사반으로 보내주십시오."

"뭔 요리를 했는데?"

"중국집에서 아르바이트를 했습니다."

바로 취사반으로 합격이었다.

일등병 시절 크리스마스를 맞아 내무반에서(왼쪽)

04

이왕 하는 거
집밥처럼 해먹이자

나는 대대본부 중대본부의 수송병과를 가지고 있으면서 취사반에 지원했는데, 카투사 3명도 취사병으로 합류해 150명의 식사를 우리가 해결해줬다.

내가 속한 대대본부 중대본부는 다른 중대를 지원하는 행정부대라 훈련이 세지 않아서 허기에 시달리지는 않았다. 또한 외출, 휴가 등으로 늘 몇 명은 빠져 있어서 음식재료가 모자라지는 않았다. 때문에 식재료를 여유롭게 사용해 더 맛있게 하되 음식이 남게는 하지 않았다. 가끔 부식이 모자란다는 얘기는 내가 볼 때는 거짓말이다.

입대할 때 이왕 하는 군대생활 멋지게 해보자는 다짐대로, 이왕 하는 거 어떻게 하면 중대원들에게 집에서 먹는 것처럼 맛있는 밥을 해먹일까 궁리했다. 쌀도 잘 일어서 돌이 들어가지 않게 했고 같은 식재료도 요리법을 달리해 매일 변화를 주었다. 달걀도 계란프라이, 날계란과 고추장,

삶은 계란, 계란찜 등으로 내놓아 각자 먹고 싶은 대로 골라먹도록 했다. 계란찜도 조금씩 변화를 주어 색다르게 내놓으면 모두 맛있다며 더 달라곤 했다. 한번은 계란으로 카스텔라를 만들어 내놓기도 했다.

일요일 아침에는 라면이 나온다. 대개 100명 남짓한 사병들이 라면을 먹는데, 이때 80인분만 가마솥에 끓여도 충분했다. 수프도 50인분만 넣고 된장을 풀어서 끓이면 모두 맛있게 먹었다. 남은 라면은 비축해 놓았다가 평일에 라면 찾는 사람, 입맛 없다는 사람이 있으면 끓여 주었다.

건빵이 나오면 넓은 쟁반에 쏟아 놓고 자유롭게 가져가 먹게 했다. 때로는 튀기기도 하는 등 어떡하든 맛있는 음식을 내놓으려 나름 노력했다.

휴가 가거나 외출 외박하는 사람들도 내가 해준 밥을 먹고 나가 한 끼라도 식사비를 줄였으면 했다. 귀대할 때도 김, 설탕 등 부식으로 나오지 않는 거는 얼마든지 사와도 되지만 술은 사오지 말라고 했다. 술 마실 때 안주를 만들어줘야 하는데, 술을 마시지 않는 나로서는 안주까지 만들어 내고픈 여유는 없었기 때문이다. 이런 내 마음을 알아주는 사병들을 보며 밥을 해 먹이는 보람이 있었다.

우리 부대는 미사일 부대라 기술 장교들이 많았다. 장교들은 장교식당에서 돈을 내고 따로 먹는데 사병 식당이 맛있다고 소문나자 장교들도 우리 식당에 와서 내가 해준 밥을 찾곤 했다.

어느 날 저녁 늦게 옆 중대 부사관이 식당에 들어와 밥을 달라고 했다. 이미 저녁 배식이 다 끝나고 설거지까지 마친 상태라 밥이 없다고 했더

1981년 7월 대구 2수송교육대에서 사진전을 열었다.(뒷줄 맨왼쪽)

니, 다짜고짜 내 뺨을 갈겼다.

'아니 장교식당에 가서 사먹으면 될 걸 왜 사병식당으로 와서 밥을 내놓으라는 건가?'

지금도 그 사람의 마음을 알 수가 없다.

05
수송부로 복귀,
내무반 문화를 바꾸다

상병 고참이 됐을 때 중대장을 찾아갔다.

"보고 드릴 말씀이 있습니다. 송충이는 솔잎을 먹어야 하고 미꾸라지는 물속에서 살아야 하듯이 저도 수송부로 복귀하겠습니다."

중대장은 이미 취사병으로 자리가 잡혔고 사병들도 내가 해주는 맛에 이미 길들여져 있는데, 쉽지 않을 거라고 걱정했다.

나와 같이 취사병으로 합류했던 카투사 3명에게 이미 내가 가지고 있는 취사기술을 다 전수했으니 걱정하지 않아도 된다고 했다.

수송부로 돌아가니 텃세가 장난이 아니었다.

세차도 하고 정비도 했으며, 외곽 보초도 서야 했다.

특히 밤 10시에 취침하다가 일어나 새벽에 보초 서는 일은 너무 힘들었다. 잠자다 깨기도 힘들었지만 교대자와의 관계 형성이 더 힘들었다. 이를 해결하기 위해 나름 전략을 짰다. 내 앞의 근무자가 험악한 놈이면 최대한 뭉그적거리며 늦게 나갔다. 좋은 인성의 고참이 불침번 서라고 나를 깨우면 얼른 일어나 고맙다며 보초 서러 나갔다. 그러나 인성 나쁜 고참이 깨우면 일부러 자는 척을 했다. 그런 식으로 내가 주도하는 내무반으로 분위기를 바꿔나갔다.

한번은 송추로 야유회를 갔다. 정훈장교의 인솔 하에 각자 가지고 간 총대를 멋지게 세워놓고 축구를 했다.

그런데 선임 병장이 계속해서 자기에게 패스 안한다고 야단을 쳤다. 계속 신경이 거슬리던 차에 나에게 공이 오기에 바로 공을 잡아서는 세워놓은 총검으로 공을 찔러 바람을 빼 던져버렸다.

"에잇, 니들끼리 해. 난 안한다."고 빠졌다. 일순간 분위기가 험악해졌다. 야유회고 뭐고 부대로 복귀했다.

그날 저녁 그 고참이 나를 불러내더니, 술 한 잔 하자며 화해를 청해왔다. 나는 술은 못한다고 거절하며, 아까는 나도 심했던 것 같다며 받아줬다. 그 고참은 현재 목회 사역을 하고 있다.

물론 나도 기합과 구타를 당했다. 특히 바로 위 고참과 트러블이 많았다. 고참 입장에서는 바로 아래만 잡으면 그 아래를 다 잡을 수 있기 때문에 특히 세게 군기를 잡았다. 13명의 고참이 4명인 우리 동기들을 잡으려 수송부의 정비창고 뒤 후미진 곳으로 '집합'을 시켜 원산폭격을 시키곤 했다. 만일 누구 하나라도 꼭지가 돌아 창고에 있는 공구라도 던지는 날에는 큰 사고로 이어질 것이나 다행히 그런 일은 없었다. 그러나 "예수 제자냐, 금테 둘렀냐"하는 비아냥과 기합에 시달려야 했다. 그럴수록 폭

1984년 1월 전역 후 부대 방문

력적이고 고압적인 상하관계를 고쳐야겠다는 생각이 굴뚝같았다.

고참들이 무력으로 내무반을 장악하는 것을 못하게 막느라 고생도 했지만 계급이 올라가면서 차츰 내가 원하는 분위기로 내무반을 바꿀 수 있어서 성취감도 느꼈다.

그 중에는 내무반 도난사건을 해결한 일도 들어간다.

내무반에 신입들이 오면 1~2만 원씩 없어지는 일이 몇 차례 일어났다. 신입들은 돈이 없어져도 감히 말을 할 수가 없었는데, 이런 일이 계속되니 소문이 날 수밖에 없다. 나는 몇 번 참다가 도저히 안 되겠다 싶어 "강당에 집합!"을 시켰다.

"어떤 새끼가 겁도 없이 집합을 시킨 거야?" 한 고참이 소리쳤다.

"죄송합니다. 대대장님께 어떤 민원이 들어갔는지, 보고하라고 해 제가 보고까지만 할 건데, 불편하시더라도 조금 이해해주십시오."라고 한 뒤 "몇몇 내무반에서 금품 도난사건이 있어서, 가정에서 면회 오신 분들이 민원을 넣었다고 합니다. 잃어버린 사람은 지금 나눠주는 메모지에 언제 어디서 얼마를 잃어버렸는지 적어내고, 가지고 간 사람은 어떻게 실수한 건지 적어내십시오. 무기명, 유기명 다 좋습니다. 이 메모지는 대대장에게 요약해서 보고한 즉시 소각시킬 겁니다. 제가 나선 것을 이해해주시고 15분만 시간 내주십시오."라고 했다.

이후 도난사건은 일어나지 않았다. 그러나 그 약발도 3개월이 한계였다. 결국 3개월에 한 번씩은 어떠한 계기로든 자극을 줄 필요가 있음을 깨달았다.

이렇게 군대를 내 스타일로 바꿔갔다. 그렇지 않은가? 군대라고 왜 늘 기합과 욕설과 강압만 있어야 하는가? 내가 고참들을 집합시켰던 것도 그런 이유에서였다. 물론 한번으로 그들의 의식을 완전히 바꿀 수는 없었지만 적어도 멈추게는 했다. 그때 많은 고참들이 내게 찾아와 '너 참 잘했다, 고맙다'고 했다. 물론 '건방지네' 하고 비난한 사람도 있지만…

내가 병장이 되자마자 중대장은 나에게 내무반장 완장을 채워줬다. 내무반장으로서 나의 일성은 "이 시간 이후로 우리 내무반에서는 고참 군화 닦고 심부름하는 일 없다. 각자의 일은 각자 알아서 하고 청소도 나눠서 한다."였다. 당장 나보다 아래 상병들이 내 수발을 들지 않으니, 그들도 아래 사병들에게 자신의 수발을 들게 할 수가 없었다. 그러나 내 고참

수발은 내가 다 들어줬다. 그렇게 분위기를 바꿔나가니 어느새 구타도 사라졌다.

폭력이 아닌, 부드러운 카리스마로 내무반을 이끌어나갔다.

주말이면 바둑 왕중왕전, 장기 왕중왕전을 열었고 족구, 축구 등 운동도 했다. 부대 내에 축구장이 없어서 체력단련이라는 명목으로 인근 초등학교로 가서 실컷 공을 차다 오곤 했다. 돌아오는 길엔 각자 주머니에서 탈탈 턴 동전을 모아 다방에 가서 차 한 잔 마시고 오는 재미도 쏠쏠했다.

모래 채취하러 가다 과수원이라도 지나치게 되면 용돈 걷어서 낙과 배를 사서 부대에 돌아와 나눠먹곤 했다.

인사계도 나를 잘 봤는지 주말에는 외출·외박증 발행을 내게 맡겼다. 벌써 금요일이 되면 고참들이 나에게 잘 보이려 애 쓰는 모습이 보였다. 나의 행복지수가 하늘을 찔렀다.

이렇게 군대생활이 재미있으니 외출이나 휴가의 필요성을 전혀 느끼지 못했다.

한번은 백마부대 대대장인 외사촌 형이 나를 찾아왔다. 부대 옆 유명한 농원에 데리고 가 갈비를 사주겠다며 나가자 했는데, 나는 "애로사항 있으면 내가 먼저 얘기할 테니, 얼른 가세요."라며 쫓아 보내다시피 외사촌을 돌려보낼 정도였다.

06
겁도 없이 시작한
테니스장 건설

내가 내무반장이 된 후로 욕설과 구타는 사라졌으나 간부들의 심부름은 여전했다. 지나가다 눈에 띄면 괜히 불러서 뭔가를 지시하곤 했다. 간부들에게 소일거리를 만들어주면 사병들에게 심부름 시키는 일이 줄어들 것이란 생각이 들었다.

그래서 테니스장 건설이 시작되었다.

당시 장교들은 테니스나 골프를 치곤 했는데, 부대 내에 테니스장이 없어 체력단련하기에 마땅치 않았다. 1,000여 명 연대 병력 규모인 부대 위상에 맞으려면 테니스장이 있어도 될 것 같았다. 사실 장교들이 해야 할 사안을 일개 사병인 내가 먼저 제안한 것이다.

"우리 부대에도 테니스장 하나쯤은 있어야 하지 않을까요? 제가 한 번 지어보겠습니다."

부대장은 반색을 하며 만들어보라고 했다. 나름 테니스장 관련 책과

1981년 12월 내무반에서(왼쪽)

자료를 보며 공부하고 사회에서 그 분야 전문가들이었던 사람들에게도 물어가며 테니스장을 시공했다.

테니스장에 들어갈 웬만한 자재도 우리 힘으로 해결했다. 그러면서 테니스장에 들어갈 골재를 채취하러 행주대교 근처 한강으로, 송추로 부대원들을 데리고 나갔다. 자갈을 채취하러 가는 김에 자연 바람도 쐬고 시원한 물에 발도 담글 수 있어 부대원들에게는 모처럼 쉬는 시간이었다. 언젠가는 송추 간다고 하고 한탄강까지 갔다 오기도 했다.

땅을 고른 후 채취해온 자갈을 깔고 굵은 모래를 덮고, 그 위에 황토를 덮었다. 그리고 비싼 소금 대신 염화칼슘을 뿌리고 다시 황토를 깔고 마지막에만 소금을 뿌렸다. 황토바닥을 다지는 롤러도 직접 만들었고 네트를 달 지지대도 직접 만들어 세우니 큰 비용 들이지 않고도 제법 그럴듯한 테니스장이 완성되었다.

우리 부대에는 부사관들과 장교 등 간부들이 많았다. 이중 결혼안한 장교들은 독신자숙소에 머물고 영외 거주자들은 부대 안에서 놀다 퇴근하곤 했는데, 테니스장이란 훌륭한 놀이터가 생기니 주말이면 아예 테니스장에서 살다시피 하고 관리도 알아서 잘했다.

부대에서는 테니스장을 만든 공로로 2박3일 특박을 허용했으나 나는 가지 않았다. 나 혼자 한 게 아니니까. 함께 테니스장을 지은 사병들은 나를 형처럼 대했다.

테니스장 건설은 육군 역사에 길이 남을 업적(?)이라고 감히 말하고 싶다.

제대하는 날, 정문 양쪽에 사병들이 도열해 나를 환송했다. 눈물이 쏟아졌다. 그 순간 이 동료들과 이대로 시간이 멈춰서 영원히 같이 할 수 있다면 제대하고 싶지 않다는 생각까지 들었다.

같이 제대한 동기들이 의정부로 가서 술 마시고 가자는데, 나는 술을 못하므로 그냥 집으로 가겠다고 했다. 못내 아쉬움이 남았던 후임이 수원 남문까지 지프차로 나를 데려다 주었다.

4명의 동기 중 나보다 한 살이 많은 유병훈이란 친구는 울산 출신으로 제대 후 인천에서 직장생활을 했다. 20년쯤 지난 어느 날 내게 전화가 걸려왔다. 전화를 받는데 군대 목소리 그대로였다. 바로 "병훈이?"라고 했더니 맞다고 하는데 울컥했다.

소방 감리회사에 다니던 그가 삼성전자 외주업체로 들어온 것이었다. 그도 내 소식을 들었는지 삼성 직원에게 나를 물었다고 한다. 그러자 그가 전화를 걸어 바꿔준 것이었다. 제대 후 처음 만남에 우리는 얼싸안고 눈물을 흘렸다. 동고동락한 동기만이 알 수 있는 남다른 감정이었다. 그 친구와는 지금까지도 만나고 있다.

한미연합 팀스피리트 훈련 중

제대로 성열學

― 다르게 생각하면 해답이 보인다

Ⅲ.

단 하루를
근무해도
사장의 마인드로

나는 하루를 근무해도 공장장처럼,
1년을 근무해도 사장처럼 일했다. 내 스스로 사장이라고 생각하면
일이 너무 즐겁고 뿌듯했으며, 아이디어들도 샘솟았다.

01
삼성전자에 입사하다

제대 후 고향집으로 돌아온 나는 여전히 홀로 일하시는 어머니와 동네 일로 바쁜 아버지를 도와 농사를 거들었다.

아버지는 논밭에 들어가 직접 일은 하지 않으셔도 동네에서 경운기를 제일 먼저 사는 등, 남보다 앞서갔고 멀리 내다보셨던 것 같다. 또한 동네에서 제일 먼저 비닐하우스 농사도 했다. 어머니를 도와 오이, 가지, 토마토 등의 농사를 지었는데 당시 우리 집에서 기른 채소들은 한두 달 먼저 농수산물시장에서 비싸게 팔려나갔다. 그 농사수익이 제법 커서, 웬만한 직장생활보다 낫겠다는 생각이 들었다. 또 한편으로 농업의 현대화, 과학화로 우리나라 농업을 발전시키고픈 마음도 있었다.

그런데 아버지는 시골에서 농사짓는 7남매의 장남에게 누가 시집오겠나 싶으셨는지, 그리고 힘든 농사를 대물림하고 싶지도 않으셨는지, 자꾸 나를 도시로 나가라고 등을 떠미셨다.

수원여고를 졸업하고 삼성전자에 입사한 누나는 직장에서 매형을 만나 결혼한 상태였다. 그 매형이 어느 날 삼성전자에서 사원을 모집하니 지원해보라고 하셨다.

그렇게 삼성전자에 취직했다.

내가 삼성에 입사할 때 회사명은 삼성반도체통신(주)이었다. 1969년 삼성전자공업주식회사로 출발하여 1978년 삼성반도체(주)로 변경했고, 1982년에는 삼성반도체통신(주)으로 변경해 반도체 제조분야에 막 발을 디디고 있을 때였다.

그 때까지 우리나라 반도체 산업은 시계나 TV에 들어가는 단순 기능의 칩들을 조립하는 수준이었다. 그런데 1983년 2월 8일 이병철 회장이 일본 도쿄에서 "왜 우리는 반도체사업을 해야 하는가"라는, 이른 바 '도쿄 선언'을 발표했다.

삼성전자 일선관리자 워크숍

그러나 "TV도 잘 만들지 못하는 회사가 무슨 반도체냐"는 반응이 대다수였고 회사 내부에서도 "삼성반도체로 발령 나면 그만두겠다"고 할 정도로 반도체 분야는 찬밥 신세였다.

이미 수많은 자료를 입수해 공부를 한 이병철 회장은 반도체 사업에 투자하겠다는 결단을 내리고 그 첫 아이템으로 D램[1]을 선정, 6개월 내에 개발해낼 것을 지시했다. 동시에 기흥에 반도체공장 설립도 추진했다.

당시 D램을 생산할 수 있는 나라는 미국과 일본뿐이었다. 일본의 경우 6년 이상이 걸려 개발해낸 D램을 우리는 6개월 만에 64K[2] D램 개발에 성공한 것이다. 손톱만한 칩 속에 6만4,000여 개의 트랜지스터 등 15만 개 소자를 800만 개의 선으로 연결해 만드는 64K D램은 현재의 칩에 비하면 석기시대 기술에 불과하나 당시로선 초고밀도 집적회로(VLSI, Very Large Scale Integration)[3]급 최첨단 반도체였다. 세계에서 세 번째였고 대한민국 산업사에 길이 남을 획기적인 사건이었다.

1992년에는 세계 최초로 64메가D램[4]을 개발했다. 64메가D램은 손톱 크기 면적에 1억4,400만 개의 셀을 집적, 신문지 512쪽과 한글 400만 자

---

1. D램(Dynamic Random Access Memory) : 램은 정보를 기록하고 기록해 둔 정보를 읽거나 수정할 수 있는 메모리로, 전원을 공급하는 한 데이터를 보존하는 S램과 시간이 흐름에 따라 데이터가 소멸되는 D램이 있다.

2. KB(kilobyte) : 컴퓨터 기억용량의 단위로 1,024바이트.

3. VLSI(Very Large Scale Integration): 초 대규모 집적회로라고도 하며, LSI의 집적도를 더욱 높인 것이다. 집적도는 1칩당 논리회로로 1만개~100만개, 기억용량으로 256킬로비트(KB) 정도이다.

4. 2019년 12월 30일 과학기술정보통신부 산하 국립중앙과학관은 삼성전자가 1992년에 개발한 64메가D램을 '국가중요과학기술자료'로 등재하고 인증서를 수여했다. 국가중요과학기술자료는 국가 과학기술 발전에 기여한 중요 자료를 체계적으로 관리해서 미래세대에게 그 우수성을 물려준다는 취지로 만든 제도다.

를 저장할 수 있다. 고성능 컴퓨터와 고화질 TV, 슈퍼컴퓨터 등에 들어가는 반도체로 개발 당시에는 획기적인 제품이었다. 삼성이 반도체사업을 시작한지 20여 년 만에 이룬 쾌거로, '반도체 코리아'를 이끄는 선두주자로 인정받는 계기가 되었다.

"1983년 64K D램 세계 3번째로 개발,

1992년 64M D램 세계 최초 개발 및 D램 시장 세계 1위,

1993년 세계 메모리반도체 1위,

1994년 256M D램 세계 최초 개발,

1996년 1G D램 세계 최초 개발,

2001년 4G D램 세계 최초 개발,

2002년 낸드플래시메모리 세계 1위,

2003년 플래시메모리 세계 1위…"

이 모든 일이 내가 삼성에 입사해서 퇴사할 때까지 일어났으니 나 역시 대한민국 산업사에 작은 점 하나는 찍은 것이 아닌가?

02

반도체는 왜
플러그인 시스템이 안 될까?

잠깐 반도체가 어떻게 만들어지는지 살펴보자.

64K D램을 예로 들자면 지름 4인치 웨이퍼(Wafer)[5]에서 200개 칩을 만들 수 있다. 실리콘이 주소재인 웨이퍼는 피자로 치면 토핑을 얹기 전의 도우에 해당한다. 이 위에 200개의 반도체 집적회로를 만드는 것이다.

64K D램을 생산하기 위해선 500여 개[6] 공정을 거쳐야 하며 그 시간만도 80일이 걸린다. 이때 물과 전기, 먼지와의 싸움이 시작된다.

우선, 반도체 공정에서 물은 절대적으로 필요하다. 반도체의 수많은

---

5. 반도체의 재료가 되는 얇은 원판. 실리콘이나 갈륨비소 등 단결정(單結晶) 막대기를 얇게 썬 둥근 판. 서브스트레이트라고도 불린다. 반도체 칩은 CD처럼 둥글게 이 웨이퍼를 하나씩 쪼개서 만들어진다. 대게 한쪽 면은 거울처럼 연마되어 있다. '한 장의 웨이퍼에서 얼마나 많은 D램을 만들어내느냐'가 전체 D램 생산량을 결정한다. 웨이퍼 표면은 결함이나 오염이 없어야 함은 물론, 고도의 평탄도가 요구된다. 이것은 회로의 정밀도에 영향을 미치기 때문인데, 지름 6인치의 웨이퍼에 2미크론의 뒤틀림이 있어도 안 될 정도로 정밀하다.

6. 500여 공정은 큰 카테고리로 보면 웨이퍼 제조 → 산화공정 → 포토공정 → 식각공정 → 증착&이온 주입공정 → 금속배선 공정 → EDS공정 → 패키징공정 8대 공정으로 분류되며 이를 흔히 '반도체 8대공정'이라고 한다.

공정 전후에 진행되는 세정작업과 공정가스 정화(Scrubber), 클린룸의 온도와 습도 조절 등에 사용하는 데 이때 사용하는 물은 '초순수(UPW, Ultra Pure Water)'라 하여 무기질과 미립자, 박테리아, 미생물, 용존가스 등을 제거한 고도로 정제한 물이다. 초순수는 이온 성분을 제거했다 하여 DIW(De-Ionized Water)라고도 한다. 초순수는 총유기탄소량(TOC)의 농도가 10억분의 1(ppb) 이하의 고순도를 유지해야 한다.

나노미터 단위의 초미세공정을 다루는 반도체는 각 공정 전후에 남아 있는 작은 입자 하나로도 오류가 생길 수 있다. 때문에 각 공정 사이사이에 반드시 웨이퍼를 세정해주어야 하는데 이때 사용하는 것이 초순수이다. 초순수는 반도체의 다양한 공정에서 사용하는 가장 훌륭한 세척제라고 할 수 있다.

우리나라는 반도체 사용 용수의 50%를 차지하는 초순수 공업용수의 생산 공급을 일본 등 해외업체에 의존해오고 있다. 그런데 2019년 일본의 대외수출규제 같은 외부 요인 발생으로 공급에 차질이 생기면 반도체 생산은 직격탄을 맞을 수밖에 없다.

반도체 공정에서 물 못지않게 중요한 것이 전기이다. 가끔 "정전으로 반도체 생산 가동이 중단되었는데, 복구하는 데 얼마가 걸릴지 모르며 그 피해액은 수백~수천 억에 이를 것이다"라는 뉴스를 본 적이 있을 것이다. 내가 있을 때도 몇 번 가동 중단사고가 있었는데, 그때마다 늘 머리에 맴도는 의문점이 있었다.

'대부분의 가전제품은 플러그를 콘센트에 꽂으면(Plug In) 바로 켜지는

데 왜 반도체 장비 부속품은 바로 플러그인이 안 될까?'

한번 가동이 멈추면, 재가동하기까지 복구하는데 몇 달이 걸린다. 기술이 많이 발전한 지금도 재가동까지는 40일 정도가 걸린다. 지금도 '24시간 내 플러그인할 수 있는 방법이 있지 않을까?'하는 물음은 지금도 풀어야 할 숙제로 남아 있다.

물과 전기도 중요하지만 특히 먼지는 초정밀을 요하는 반도체에 있어선 아주 치명적인 요소다. 단 1/2000mm의 먼지라도 용납이 안 되는데, 이는 사람의 몸에 바위가 떨어지는 것과 같은 치명상을 끼치기 때문이다.

모든 반도체 공정이 클린룸에서 이뤄지는 것도 그래서이다.

클린룸은 반도체 소자나 LCD 등 정밀 전자제품과 유전자조작과 같은 극미산업에서 미세먼지와 세균을 제거한 작업실로, 공기 중에 떠다니는 입자뿐 아니라 온도, 습도, 조도, 기류, 공기압 등을 요구 규정에 따라 제어하는 밀폐 공간을 말한다.

산업용 클린룸은 10, 100, 1000클래스(Class) 등으로 규정된다. 1000클래스는 PDP 제조용 기준으로 1입방피트 당 0.5㎛의 먼지 1,000개 미만 및 5㎛의 먼지가 없어야 함을 뜻하고 100클래스는 LCD 제조용 기준으로 1입방피트 당 0.5㎛의 먼지 100개 미만 및 5㎛의 먼지가 없어야 함을 뜻한다. 10클래스는 1입방피트 당 0.5㎛의 먼지 10개 미만 및 5㎛의 먼지가 없어야 함을 뜻하는 것으로 반도체 제조용 규격이다.

03
에어컴프레서 개선으로
2~3천억 절감효과

웨이퍼는 얇고 크게 만드는 것이 기술로, 초기 4인치에서 6인치(150mm), 8인치(200mm)로 커졌고 현재는 12인치(300mm)까지로 발전해 있다. 그 이상 커지면 깨지기 쉬울뿐더러 웨이퍼를 만들기 위한 모든 장비들을 바꿔야하는 문제가 생긴다. 즉 우리가 아무리 웨이퍼를 크고 얇게 만들 수 있는 기술을 가지고 있더라도 장비업체에서 그에 맞는 장비를 제공하지 않으면 할 수 없다는 의미이다.

반도체 장비 기술은 네덜란드의 A사가 세계 최고로, 장비 1대의 가격이 무려 2,000억 원이다. 보잉 747기 3대와 맞먹는 가격이다. A사는 자신들의 제품에 대한 자긍심도 대단해서 담당 직원 외에는 누구도 그들의 장비에 손을 대지 못하게 했다.

그런데 A사 장비 중 계측기를 자동으로 움직이게 하는 공기압축기(Air Compressor)가 실제 압력보다 작은 압력으로 작동해 자주 AS를 받아야

했고 2~3개월마다 교체를 해야 했다. 그 비용도 장난이 아니어서 해결책을 궁리하던 차에 에어컴프레서의 압축 능력을 더 올리면 될 것 같았다. 7kg/㎠의 압력을 내는 에어컴프레서가 실제로는 2~3kg/㎠의 압력밖에 내지 않으니, 9kg/㎠으로 압축 무게를 올리면 7kg/㎠ 압축 전용으로 사용할 수 있다는 개선 보고서를 작성해 결재를 올렸다.

그 공사비가 14억이었다. 그러나 2~3개월 꼴로 기계 전체를 교체하는 비용 1,400억여 원과 그 동안 일을 못하는 손해를 생각하면 매년

삼성전자 근무시절

2~3,000억 원 이상의 절감효과가 있었다.

공장장은 "당신 얼굴 보고 결재할게"라며 내 의견을 받아주어, 9kg/㎠ 에어컴프레서를 만들 수 있었다. A사의 저항이 만만치 않았다. 그러나 에어컴프레서 하나를 개선함으로써 공정이 하나 줄어드는 효과를 지켜본 A사도 결국은 인정할 수밖에 없었다. 이는 마치 딱히 기능은 없고 성가시기만 한 맹장을 수술로 떼어내는 것과 같은 이치였다.

이처럼 나는 '하루를 다녀도 사장처럼' 근무했다.

04
성열학 사원은 '부장스타일'

대개 회사에 들어가 6개월 내지 1년 정도 지나면 자기가 맡은 분야에 대해서는 전문가가 된다. 신입사원과 경력사원의 차이는 직장생활의 길고 짧음일 뿐, 기능이나 기술면에서는 거의 비슷하다고 생각한다. 회사 입장에서는 당연히 신입사원이 덜 부담이 된다. 그렇다면 회사 내에서 나라는 존재를 어떻게 각인시킬 것인가 하는 문제에 봉착한다. 승진이 척척 되고 승승장구하면 문제가 없지만 그렇지 않을 경우 내 입지는 좁아질 수밖에 없다.

그런 점에서 나는 다른 부서로 발령 나거나 새로운 일을 맡을 때 행복했다. 많은 사람들이 불평불만하거나 밀려났다고 생각하는데 나는 새로운 일을 접할 때 너무 좋았다.

처음에 나는 회전기계 유지보수(maintenance) 일을 하다, 배관 설비로 옮겨갔다. 얼핏 보기에 배관은 기계에 비해 단순하다고 생각할 수 있으나, 배관은 우리 신체 구석구석을 돌며 필요한 영양을 공급해주는 혈관과 흡사하다. 기계는 유니트 기능이지만 배관은 전체 구조와 흐름을 알 수 있는 오묘한 분야이다.

물을 끓인 수증기가 배관을 따라 가다보면 익스체인저(Exchanger)도 되고 히팅(Heating)도 하는 등 여러 역할을 한다. 배관설비 일을 처음 접하면서 너무 좋았다. 또한 설계도면에 따라 배관을 천정에 매달기도 하고, 바닥에서 받쳐주기도 하고, 벽등처럼 브라켓으로 하기도 한다. 배관하는 건물 구조에 따라 달라지기에 알면 알수록 재미있었다. 도전은 아름답다고 하는데 늘 새로운 것을 접할 때마다 나도 모르게 도전정신이 엔돌핀처럼 솟아나곤 했다.

그래서 선임들이 오리엔테이션에서 "우리 부서와 관련된 것만 하면 된다, 이러이러한 일들이 있으나 그건 우리 소관이 아니니 알 필요도 없고, 할 필요도 없다"고 했는데, 나는 오히려 우리 소관이 아니라는 일, 전체 흐름과 개념을 파악할 수 있는 일에 더 관심이 갔고 더 눈여겨보았으며, 더 공부하고 파악하려 노력했다.

그 결과 입사 2년차 때는 다른 직원과 함께 분임조 발표대회에서 공기압축용 설비의 수명연장을 위한 연구를 발표해 대상을 수상했다. 핵심부품의 잦은 마모를 최대한 방지하기 위해 재질개선으로 대체할 수 있음을 발표했는데 대상을 받은 것이다. 현재는 해당 설비가 사라졌지만 당시로서는 참신한 방법으로 평가 받았다. 또, 그동안 아무도 하지 못했던 축 정렬(Shaft Alignment)을 수식화, 체계화하는 기술을 나름 연구해 개

1989년경 삼성전자 근무시절

발하기도 했다.

 컨설팅이라는 게 지식과 경험을 가지고 어떤 사람의 애로사항을 궁리하고 연구하면서 길을 찾아주는 것이라고 생각한다. 누가 시키지도 않았는데 나는 그 길을 찾는 쪽에 몰입했다. 문제점은 무엇이고 개선할 점이 무엇인지, 늘 개척자 정신으로 궁리하며 개선해 나갔다.

 그러다보니 내가 신입사원 때를 막 벗었을 때부터 동료들은 나를 '부장스타일' 사원이라고 불렀다. 물론 비아냥거림도 있었겠지만, 내가 꺼릴게 없으니 '부장스타일'로 불리어도 나쁘지 않았다.

 사람은 자꾸 새로운 걸 접해야, 계속 발전한다는 생각엔 지금도 변함이 없다.

05
수요일은 넥타이 매는 날

"오늘 무슨 날인가? 누가 결혼해? 모두 넥타이를 매고 일을 하니 멋진 걸!" 하며 이사 한 분이 얘기했다. "아닙니다. 그냥 분위기도 바꿀 겸 한번 넥타이를 매봤는데, 보기 좋아서 매주 수요일엔 넥타이를 매기로 했습니다."

내가 파트장으로 있던 부서엔 39명의 직원들이 늘 작업복을 입고 일을 했다. 우리 부서는 서로 도와가며, 서로를 알아가며 어느 부서 못지않게 나름 재미있게 일을 했다. 그런데 일을 하다 보니 내심 행복하지 않은 동료들이 눈에 띄었다. 사무직 직원들에 비해 자신의 업무가 좀 초라하다는 생각을 하는 직원들이 눈에 들어왔다. 누구나 그런 생각은 들 수 있다. 나도 어느 땐 편하게 좋은 옷 입고 급여도 더 받아 가는 사무직 직원이 부러울 때가 있었다.

그러나 자신의 일은 그 누구도 할 수 없는 자신만의 일이다. 그 일을 좋아하면 세상은 맑음이고 그 일을 싫어하면 세상은 흐림이다. 물론 취미와 취향 즉 적성에 맞는 일이 있다. 하지만 다양한 통에 담겨서 변신되는 물처럼 사람의 신기한 능력은 어떤 일이든 관심을 가지면 재미를 발견할 수 있고 전문적이 될 수 있다. 더 신기한 것은 한 가지 일에 숙달되면 모든 일이 같은 수준으로 보인다는 것이다. 축구선수로는 작다고 할 수 있는 167cm 신장의 마라도나도 축구의 신이 되었듯이 말이다.

하지만 뭔가 마음에서 싫은 것을 싫어하지 말라는 것은 그 또한 고통을 주는 것이다. 그것 보다는 생각을 바꾸어서 마음을 다잡을 수 있는 환경을 만들어 주는 것도 중요한 것이다.

매일 작업복을 입고 일하는 것에 마음이 불편한 직원을 위해 우리 부서는 매주 수요일엔 넥타이를 매고 일을 하기로 했다. 이 넥타이를 티셔츠에 매든 와이셔츠에 매든 상관없이 수요일엔 모두 넥타이를 매고 일하기로 한 것이다.

세상 참 재미있다. 꾸미지 않고 털털 일할 때 보다 직원들의 표정도 밝아졌다. 표정이 밝아지니 일의 능률도 올랐다. 그리고 이 친구들 자세히 보니 참 잘 생겼다.

06

다른 부서도 우리의 고객,
고객 감동이 아니라 졸도시켜라

내가 속한 공무과의 주 업무는 시설 유지보수이다. 때문에 제조 부서 등 다른 부서가 지원 요청을 하면 바로 달려가 해결해줘야 한다. 이때 부서 이기주의로 인해 서로 남 탓을 하거나, 지원요청에 잘 응하지 않는 등 아군끼리 싸우는 일이 종종 일어났다.

그럴 때 나는 직원들에게 늘 "공부해라, 자기 분야의 전문가가 되라, 현장분위기를 장악하라"고 주문했다. 그리고 "다른 부서도 우리의 고객이다. 고객 감동에서 그치지 말고 고객을 졸도시켜라."라는 말도 잊지 않았다.

우리가 지원해야 할 부서를 고객으로 생각하고 어차피 우리가 해야 할 일이라면, 먼저 나서서 해결해 그들이 기절할 만큼 감동시키자는 게 내 주의였다. 그러려면 요청해오는 사람들보다 더 정확하게 많이 알고 있어야 하고 현장에 갔을 때 상황 파악이 우선되어야 한다.

그래서 아래 직원들이 "저기요… 이렇게 했는데요…"라고 보고하면 호통을 쳤다.

꾸물거리지 말고 말하려는 핵심만 간단히 정리해 보고하라고.

내가 사이트장을 맡고 있을 때 스크러버(Scrubber)[7]가 폭발하는 사고가 났다. 보통 사고가 나면 인명 대피, 제품의 불량, 라인 공장 스톱 등의 피해로 이어지는데 그날은 다행이도 그 기계만 폭발하는 것으로 그쳤다.

제조 부서 주관으로 관련 부서장들이 모여 대책회의를 하는데, 도무지 진척이 없었다. 임원 측 차장이 개선책이라고 내놓은 것도 상투적인 내용이었다. 전무이사도 답답했는지 "더 혁신적인 내용은 없느냐"고 물었다.

그때 내가 이렇게 얘기했다.

"(개선책을 발표한) 차장은 지금 직급에 눌려 할 말을 다 못했습니다."

그러자 전무가 "여기서 나보다 직급이 낮은 사람 누가 있어? 어디 성열학 사이트장이 한번 얘기해보시오."라고 말했다.

"저 같으면 A를 B로 바꾸겠습니다. 현재로서는 이게 대안이라고 생각합니다. 계속 더 연구해서 더 좋은 설비모델을 제시하겠지만 현재로서는 A가 아니고 B입니다."

그러자 해당 부서들에서는 예산이 없어서 안 된다, 발주하려면 시간이 걸린다, 견적 받아보겠다… 라고 대답했다. 당장 사고를 수습해야 하는

---

7. 유해가스 처리장치.

비상상황에서 언제 절차를 밟아서 하느냐, 우선순위를 바꿔야 하지 않느냐며 나도 굽히지 않았다. 결국 내 의견이 받아들여져 빨리 사고를 수습할 수 있었다.

반도체 제조 공정상 진공 설비는 필수이며 공정 중 화학약품과 실란가스(SiH_4)를 반드시 써야 한다. 사용한 가스는 여러 단계를 거쳐 파우더로 배기되는데, 이때 배관이 막히면 공정이 멈추게 되므로 정기적으로 배관을 청소해야 한다. 그런데 실란 파우더 중 미반응 가스가 남아있어서 공기 중에 자연발화 또는 폭발로 이어지면 청소 작업자에게 치명상을 입힐 수가 있다. 이를 어떻게 방지할까 고민하다 파우더가 배관에 증착되지 않도록 배기관에 고온의 N_2 가스를 삽입하니 배관 수명이 연장되었고 사고도 방지하는 두 마리 토끼를 잡을 수 있었다. 여기서 그치지 않고 'HOT N_2 Solution', 즉 HNS System이라고 명명했다.

내가 제안하고 작명까지 한 HNS System은 회사 전체에 동일공정으로 확산됐고, 전 세계 반도체공장에서 지금도 사용하고 있는 걸로 알고 있다.

또한 제조에서 사용한 가스는 버너로 일차 연소시켜 옥상으로 내보내고 옥상에서 다시 한 번 걸러진 후 대기로 배출된다. 나는 이 옥상을 '버드 파크(Bird Park, 새들의 낙원)'로 만들자고 주장했다. 설비를 첨단화하고 공정만 제대로 지킨다면 얼마든지 옥상도 새들이 날아오는 정원으로 만들 수 있다는 확신이 있었기 때문이었다.

이처럼 나는 매일 똑같은 일을 할 때도 늘 새로운 일을 하듯이, 다른 시각에서 바라보며 좀 더 나은 방법, 효율적인 방법을 궁리했다.

사실 이제껏 해온 대로, 남들 하는 대로 해도 문제 될 것은 없었다. 그러나 나는 하루를 근무해도 공장장처럼, 1년을 근무해도 사장처럼 일했다. 내 스스로 사장이라고 생각하면 일이 너무 즐겁고 뿌듯했으며, 아이디어들도 샘솟았다.

유틸리티 부서 훈련 겸 단합대회

07
'Leak Zero'

삼성전자는 1998년부터 매년 봄가을 2회씩 '사랑의 달리기' 행사를 열고 있다. 사랑의 달리기는 삼성전자 기흥·화성사업장 임직원들이 지역사회 이웃들에게 사랑을 전달하기 위한 기금 마련을 목적으로 개최된다.

김재욱 공장장이 전무로 승진한 그해 가을에 열린 사랑의 달리기에 나도 사이트장으로서 직원들과 함께 참여하게 되었다. 당시 나는 팹(Fab)의 회전기계 유지보수를 맡고 있었다. 가스 누출을 방지해 완벽한 클린룸 상태를 유지하는 것이 우리 부서의 임무였다. 팹을 맡으면서 나는 'Leak Zero'를 선언했다. 다들 (불가능하다는 생각에) 피식 웃었지만 매일 클린룸 상태를 점검해 "오늘 누출 몇%, 지난 주 대비 몇% 감소(혹은 증가)" 등을 표시한 상황판을 운영하며 Leak Zero에 최선을 다했다.

그러던 차에 자선행사 '사랑의 달리기'에 참가하게 되었는데, 이왕이면 다홍치마라고 우리 부서의 존재감과 우리의 결의를 알려야겠다는 생각이 들었다. 그래서 나와 직원들은 'Leak Zero'라고 쓴 머리띠를 동여매고

'LEAK ZERO'라 쓴 머리띠를 매고 달리기행사에 참여

마라톤에 참여했다. 그 홍보효과는 기대 이상이었고, 성과도 대단했다.

한번은 옥상에서 용접을 해야 할 일이 있었다. 그런데 바람이 불면서 불티가 건물 아래 화단으로 날려 불이 붙었다. 바로 뛰어 내려가 불은 껐으나 그 사이에 주변에 있던 사람들이 사진을 찍어 신고한다고 난리였다.

그때 내가 말했다.

"잠깐만, 지금 사진 찍는 거 멈춰 주세요. 다 보셨다시피 바람이 불어 불똥이 떨어져 일어난 불가피한 상황이고, 다행히 큰 피해도 없습니다. 그리고 내가 보고할 것이니 지금 찍은 사진 다 지워주세요."

당당함에 기가 눌렸는지 모두 휴대전화를 접어 넣었다. 소식을 들은 임원들이 오히려 더 걱정했다.

나는 매주 열리는 환경안전임원회의에 참석해서 이 일을 환경안전사고의 한 사례로 얘기하며 나와 같은 실수를 범하지 않도록 점검하고 또 점검해야 한다고 자수했다.

그 후 내게는 '천하무적', '작은 거인', '또 하나의 별'이란 별명이 추가되었다.

08
1998년은 회사생활의
변곡점이었다

　군대 시절을 누구보다 재미있게 보낸 나로서는 회사 생활도 내가 회사의 주인이라는 자세로, 단 하루를 있더라도 내 향기가 오래 남도록 하겠다는 마음가짐으로 임했다. 그렇게 마음먹으니 모든 일이 재미있고 못해 낼 게 없었다. 새로운 부서로 발령 나거나 새로운 일이 주어지면 오히려 기대감에 부풀고 설레기까지 했다.

　직장생활에 거침이 없었던 또 다른 이유는 결혼하면 바로 직장생활을 접어야겠다는 생각도 작용했던 것 같다. 다행인지 불행인지 입사해서 얼마 안 돼 결혼하면서 '결혼과 동시에 퇴사'는 지키지 못했으나, 20년 가까이 회사를 다니면서 한 번도 애면글면하지 않았다. 그저 일이 재미있고 동료들과 함께 하는 생활이 즐거웠다.

　퇴근 후에도 우리 집으로, 동료들의 집으로 몰려가 고스톱으로 친목을 다지곤 했다. 직원들의 부인들도 나와 함께 있다면 안심했다. 내 아내는 간혹 직원들이 자고 갈 것을 대비해 별도의 이부자리를 몇 채 마련해놓기까지 했다. 퇴직할 때는 100여 명의 동료들을 비봉 본가로 불러 송별파티를 했다.

1997년 우리나라는 IMF구제금융이라는 혹독한 위기를 겪었다. 이전까지만 해도 우리 사회는 '평생직장'이란 개념이 지배적이었으나, 금융위기를 계기로 명예퇴직, 조기퇴직의 칼바람이 거세게 불어왔다. '사오정'이니 '오륙도'니 하는 신조어들도 그때부터 생겨나기 시작했다.

우리 회사도 명예퇴직 신청을 받는다더라, 누구누구가 명퇴한다더라 하는 소문이 나돌았다.

사실 대부분의 샐러리맨들은 나름 세워놓은 목표를 꿈꾸며 직장생활을 시작할 것이다. 나 역시 내가 일하는 분야에서 정상에 오르기를 꿈꿨다. 마음속으로는 톱(Top)이 되었으나 최정상(Summit)에 오르지는 못했다. 그 원인 중 하나는 내가 속한 부서의 성격 때문이다. 공무부는 보조 기능, 지원 부서라는 한계가 있어서, 폭풍우가 불면 제일 먼저 뛰어들어 막아야 하지만 폭풍우가 지나고 나면 우리 부서는 온데간데없고, 모든 공로와 성과는 제조와 연구부서 차지였다. 진급도 다른 부서보다는 느렸다.

다른 부서에서 차장, 부장으로 승진할 때 나는 계속 과장에 머물러 있었다. 나의 사수인 조성림 상무도 십수 년 간 상무에 머물러 있었으니 더 말해 무엇 하랴. 나를 볼 때마다 민망함을 느낀 조상무님이 '사이트장'이란 타이틀을 생각해내 내게 붙여주셨다.

1998년 회사에서 명예퇴직 신청을 받는다는 얘기에 손을 번쩍 들었다. 그랬더니 "자넨 아니야, 착각하지 마"라고 했다. 그리고는 홍도로 여행가 앞으로 어떻게 살아갈 것인지 고민하고 있는데, 임원에게서 전화가 왔다. 퇴직연습하고 있다 하니, 당장 올라오라고 했다.

이후로 매년 말이면 나를 돌아보고, 앞날을 계획하기 위해 가족여행을 가고 있다.

어떤 분야든 6개월에서 1년만 지나면 다 전문가가 된다. 회사 입장에서 보면 6개월 이후의 머리 굵은 직원들은 부리기가 힘들다. 호칭도 애매해져서 이름을 부르자니 그렇고 직급도 없으니 '저기요… 그게요…'라고 얼버무린다. 내가 그렇게 불리면 그건 벌써 힘든 거다.

나라는 존재는 상대방이 쉽게 부를 수 있고 편하게 대할 수 있어야 가치 내지 의미가 있는 것이다. 직장 내에서 나의 수명은 다해가는 것 같고, 이제는 무엇을 할까 고민하던 차에 조성림 상무의 퇴직이 기폭제가 되었다.

 # 09

반도체 일원으로
밖에서 이끌어가고 싶었다

삼성시절 나의 상사였던 조성림 상무님, 지금도 나는 그 분을 신이라고 생각한다.

그만큼 내게 많은 영향력을 끼치신 분이다.

대부분의 회사는 생산(제조)부서, 시설부서, 관리부서로 구성된다. 이 중 시설부서는 일의 성격상 제조부서를 지원해주는, 보이지 않는 뒤에서 일을 한다. 좀 과장하자면 모든 성과에 대한 스포트라이트는 제조부서가 다 받고 뭔가 잘못된 점은 모두 시설부서의 탓이 된다. 물론 매일 매일 성과를 내야하는 제조(생산)부서의 어려움도 있다. 그에 비해 시설부서는 좀 긴 호흡으로 일하는 부서다. 그러다 보니 승진도 다른 부서에 비해 느렸다.

조성림 상무님은 삼성 최초로 공무과에서 임원이 된 분이다. 조성림 상무님은 삼성의 온양캠퍼스, 중국공장, 미국 오스틴공장 설립에 중요한 역할을 하셨지만, 더 이상의 승진 없이 십수 년째 상무에 머물러 있었다.

나는 그 분에게서 많은 것을 배웠고 그 분도 나를 아껴주셨다. 직원들도 '조성림 상무님'하면 '성열학'이 떠오르고 '성열학' 하면 '조성림 상무님'이 떠오른다고 할 정도였다.

그러다보니 조성림 상무님에게 결재 받을 일이 있으면 먼저 내게 와서 조 상무님 기분을 물어본다거나, 결재 내용을 설명하는 일도 종종 있었다.

불평불만이 있으면 모두 나에게 와서 털어놓았고, 인사팀에서도 나를 찾아와 사내 분위기를 파악하곤 했다. 사이트장(실제 직급은 과장)에 불과한 내게로 회사 내 힘의 중심이 이동하는 것을 느낄 수 있었다. 물론 나 혼자만의 착각일 수도 있겠으나 그만큼 상하, 동료 직원 간 소통의 중심에 내가 있었다.

특히 동료들과는 '드림팀'이라고 해도 좋을 만큼 환상적인 팀워크를 이뤄나갔다. 금요일 오후가 되면 여기저기서 뭐할 거냐고 물었다. 동료들 집을 돌아가며 모여 밥 먹으며 친목을 다졌다.

명예퇴직이라는 폭풍이 휩쓸고 지나간 1998년 이후부터 나는 연말연시가 되면 국내외로 가족여행을 갔다. 지나온 한 해를 돌아보고 새해를 구상하는, 나로서는 아주 중요한 연례행사였다. 2003년 말 2004년 초에도 제주도로 가족여행을 가 있었다.

그런데 회사에서 전화가 왔다.

"(조성림) 상무님이 나가시게 돼 책상 정리를 하고 계시다"며 "빨리 오셔야겠다"고 했다. 짐작은 하고 있었으나 이렇게 빨리 올 줄은 몰랐다. 나는 여행 와 있어서 못 올라가니 상무님 가시는 길 불편 없이 잘 해드리라고 당부하고 상무님께는 올라가는 대로 댁으로 찾아뵙겠다는 말씀도 전해드리라고 덧붙였다.

조성림 상무님은 후배가 사장이 되자 퇴직을 마음먹고 있던 차에 사장의 용퇴 권유가 있자, "빈손으로 왔으니 빈손으로 나가겠다"며 의연히 짐을 싸셨다.

여행에서 돌아온 나는 새해 출근 첫날 사표를 내밀었다.

신임 임원은 예상한 일이긴 하지만, 지금 당장은 안 된다고 반려했다.

임원이 되자마자 사이트 총괄이 사표를 냈다고 하면 조직 관리를 못한 자기 책임이고, 아직 할 일이 많으니 자신을 봐서라도 6개월은 더 있어달라고 했다.

알았다 하고 나오긴 했으나 이미 마음이 떠난 상태에서 6개월을 보내기란 너무 길었다.

6개월이 채 안돼서 나는 다시 임원을 찾아갔다.

"오늘 사장님께 퇴직인사 드리러 갑니다."

그랬더니 "가만있어, 내가 일정 조정해놓을게."라고 했다. 그래도 내가 사장 만나러 간다고 하니까 임직원 8명이 내 뒤를 따라왔다.

예고도 없이 여덟 명의 직원이 사장실로 들어가니 사장이 놀랐다.

"어? 이 시간에 왜 이렇게 많이들 왔어?"

"성열학 사이트장이 사표 낸다고 해서 말씀드리러 왔습니다."

내가 사장이었어도 어이없을 일이었다.

사장은 내게 나가서 뭐할 것이냐고 묻더니 40분간 훈계하며 퇴직을 말렸다.

"내가 공개적으로 처음 하는 얘기인데, 성열학, 내가 당신이 있어서 사장까지 됐다. 정말 고맙다. 그리고 당신 아직 할 일이 많다. 그런데 퇴직한다고? 말도 안 된다. 그래 회사 만들어 직원은 몇 명을 채울 건데? 15명? 연봉을 5천이라고 하면 7억5천인데, 만일 6개월간 일 없으면 당신 20년 근무한 퇴직금 다 날리게 될 걸. 그래도 그만두겠다고?"

나는 차근차근 설명했다.

"저는 돈을 벌려고 퇴직하는 게 아니라 조직의 성장을 위해, 후배들을 위해 용퇴하는 겁니다. 나가서 (삼성)반도체 일원으로서 기회가 된다면 설비, 엔지니어 관점에서 직접 이끌어보고 싶습니다."

"내 앞에서 문자 쓰지 마. 상무, 당신 뭐하고 있는 거야?"

"지금은 회사가 팽창되어 협력업체 보수가 많이 필요한데, 적임자라 판단했고 다른 사람은 능히 따라올 수 없는 여러 경쟁력을 갖췄기 때문에 지금 이런 결정을 할 수밖에 없습니다."

임원도 더 이상의 설득을 포기하고 내 입장을 대변해주었다.

"오늘은 시간 없으니 돌아가."

결국 결제를 받지 못한 채 퇴근했다. 그것이 마지막이었다.

물론 사장과는 나중에 따로 밖에서 만나 정중히 인사 드렸다.

10
반사모

    삼성반도체 출신 퇴직자들이 모여 '반사모(반도체를 사랑하는 사람들의 모임)'을 결성했다. 회장은 문상영 ㈜엠프리시전 대표가 맡았으며 내가 부회장을 맡았다. 한때 삼성에서 일하다 그만두거나 은퇴한 사람들이 모인 반사모는 단순히 추억 회상에만 머물지 않고 과거 산업의 역군으로 반도체산업을 일으켰던 그 열정을 다시 일깨워 이제는 지역사회에 베풂을 실천하자고 뜻을 모았다.

    2012년부터 매년 '나눔과 봉사를 위한 일일 찻집' 행사를 우리 회사 컨벤션홀에서 열고 차와 맥주를 마시며 담소도 하고 이웃도 돕는 행사를 가졌다. 행사를 통해 얻은 수익금 전액은 수원 곡선중학교에 장학금으로 전달했으며 용인시 서농동사무소(현재 주민센터)과 화성시 동탄3동사무소를 찾아 성금과 쌀을 전달했다.

퇴사 후 종종 삼성시절 동료들과 모임을 가졌다.(뒷줄 왼쪽)

반사모의 나눔과 베풂 활동

제대로 성열滿 | 다르게 생각하면 해답이 보인다

제대로 성염學

― 다르게 생각하면 해답이 보인다

IV.

비봉,
Best of Best,
비비테크

"지금까지 내가 당신 먹여 살렸으니
앞으로 20년은 당신이 나를 먹여 살렸으면 해."
"그러지 뭐." 너무도 흔쾌한 아내의 반응이 오히려 당황스러웠다.
하지만 안심이 되었고 고마웠다.
더 열심히 해야겠다는 용기도 생겼다.

01
창업할 때 행복했다

1985년 삼성전자에 입사해 2004년 6월 15일에 나왔으니, 20년 조금 모자라게 직장생활을 했다.

사실 직장생활을 오래 할 생각은 없었다. 내심 결혼하면 바로 그만두고 내 사업을 해보리라 작정했는데, 어디 인생이 마음먹은 대로 풀리던가? 삼성에 들어간 지 얼마 안 돼 결혼하고 가정을 꾸려나가다 보니, 20년 가까이 삼성에서 밥을 먹고 있었다.

그리고 2003년 말 조성림 상무님의 퇴직으로 나도 그만두기로 마음을 굳혔음은 앞에서 말한 바 있다.

우선 아내에게 알렸다.

"지금까지 내가 당신 먹여 살렸으니 앞으로 20년은 당신이 나를 먹여 살렸으면 해."

"그러지 뭐."

너무도 흔쾌한 아내의 반응이 오히려 당황스러웠다. 하지만 안심이 되었고 고마웠다. 더 열심히 해야겠다는 용기도 생겼다.

고향친구들 모임인 59회에도 창업할 계획이라고 했더니 몇 명의 친구들이 묻지도 따지지도 않고 통장과 도장을 내밀었다. 가슴이 뭉클했다.

그러나 부모님과 형제들의 반응은 격려하면서도 걱정하는 눈치였다. 혹시 사업이 잘못될 경우를 생각하는 것 같았다. 어쩌면 당연한 반응이리라.

'송충이는 솔잎을 먹고 산다'는 말처럼 삼성에서 해오던 일을 창업 아이템으로 정했다. 퇴직 시 말한 회사 밖에서 반도체 제조의 한 축을 담당하겠다는 것을 실천에 옮긴 것이다.

회사 이름 비비테크(BB Tech)는 고향 비봉면의 머리글자 비비(BB)와 테크놀러지를 합친 이름이다. 또한 '최고 중의 최고 기술(Best of Best Technology)'을 지향한다는 내 의지도 담고 있다.

나의 창업을 적극 후원한 59회 친구들

화성시 동탄면에 8명의 직원으로 회사를 차리고 바로 삼성에서 일을 받아 해냈다. 3개월 후 50명 추가모집 외주를 받는 등 삼성 협력업체로 자리매김을 해나갔다.

다른 업체의 경계어린 시선도 있었으나 세 번째 주자로 출발한 창업 첫 해 6억 3천여만 원의 매출을 올려 2위로 올라갔다. 다음 해 매출은 10배로 증가했으며 2009년까지 290여억 원으로 늘어났다. 2010년대 들어 감소와 증가를 반복하며 상승해 2021년에는 341억, 2022년에는 515억으로 성장했고 2023년에는 1,000억 원대 매출을 예정하고 있다.

사실 발주처의 정책 변화나 편견 없이 일관적으로 유지된다면 매출이 훨씬 더 늘어날 수 있다. 그러나 발주처 조직이 1년 단위로 바뀌기 때문에 매출 증가에는 어느 정도 한계가 있는 것이 현실이다. 우리 회사가 사업 분야를 개척하고 확장하는 것도 이런 협력업체의 한계를 벗어나기 위함이다.

현재 우리 회사의 사업영역은 반도체사업과 클린룸사업, 제조사업 세 분야로 확장돼 있다.

반도체사업부에서는 유틸리티 엔지니어링, 설계, 엔지니어링 플로우 등의 일을 하며 삼성전자, SK하이닉스, ASML코리아, 니콘인스트루먼트코리아의 유틸리티 셋업의 실적을 가지고 있다. 클린룸사업부는 첨단산업 분야 연구개발과 생산과정에서 중대한 방해를 초래하는 공기 중 부유입자 제거 및 온도 습도 공기압 정전기제어 등을 제어하는 밀폐공간 클린룸(Clean Room)을 만들고 설치하는 일을 한다. 제조 사업은 IT기업의 특수설비 배관 및 유틸리티 시스템 제작 및 시공으로, 이 모든 과정이 클린룸에서 이루어지니 우리 회사의 핵심은 클린룸의 제조, 유지, 관리이다.

비비테크의 핵심사업인 클린룸

02
붕어빵도 클린룸에서 만들면 경쟁력이 있다

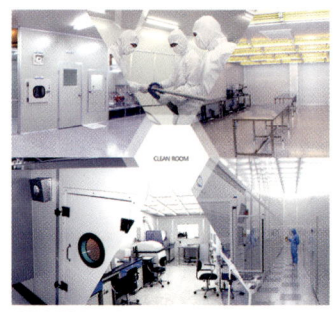

클린룸(Clean Room)은 반도체 같은 첨단 정밀산업 제조에 있어서 중대한 방해를 초래하는 공기 중 부유입자를 제거하고 온도와 습도, 공기압, 정전기 등을 제어하는 밀폐공간을 말한다. 최근에는 의료, 바이오산업은 물론 일상생활에서도 클린룸을 필요로 하는 곳이 많아졌다. 그만큼 대중화되었으나 창업 당시만 해도 외국 기술에 의존해야 해서 클린룸 제조비용이 만만치 않았다.

비용은 싸면서 사용자가 쉽게 클린룸 상태를 유지할 수 있는 방법이 무엇일까 고민하고 또 고민했다. 그때 정주영 회장의 '반값시공'이 생각났다. 즉 저비용 고성능의 고객 맞춤형 클린룸을 만들어 시공하면 경쟁력이 있을 거란 판단 하에 직원들에게 이렇게 주문했다.

"발주처(사용자)의 입장에서, 사용자가 어떻게 하면 쉽게 사용하고 유지할 수 있을지를 생각하며 작업하라."

비비테크의 특허인증서들

이는 직장시절 부원들에게 강조했던 "고객 만족에서 끝나지 말고 고객을 졸도시켜라."와도 같은 맥락이다.

붕어빵 하나라도 클린룸에서 만든다고 해보자. 왠지 뭔가 다를 것 같고 맛도 더 좋을 것이란 기대감을 가지듯, 우리 자신이 클린룸을 만들고 관리하는데 최고라는 자부심과 확신이 있다면 발주처에서도 계속 우리를 믿고 맡길 것임은 분명하다. 이렇게 우리만의 클린룸 설계·시공 사업으로 비비테크의 위상을 높여갔다.

그 결과 2007년에는 대한민국 기술대상 우수상인 산업자원부 장관상을 수상했으며 2012년에는 클린룸의 첫 해외 수출이 이루어졌다. 7월 2일 우리가 만든 클린룸을 컨테이너에 실어 중국으로 보내고 우리 직원들이 중국으로 가 설치공사를 해주었다. 이를 시작으로 베트남, 인도네시아, 미국 등지로 수출 시장을 확대해 나갔다.

또한 일본이 독점하고 있던 클린룸 엘리베이터용 클린 유닛 제조기술을 국산화해 '클린엘리베이터카 및 그의 탑승실 공기흐름제어방법' 특허를 받았다. 뿐만 아니라 일본 미쓰비시전기그룹의 한국법인인 한국 미쓰비시 엘리베이터에 독점 공급했다. 2014년부터는 반도체 제조공정에 필요한 친환경 덕트를 개발해 FM인증을 받는 등 20건의 특허를 획득해 경쟁력 제고에 주력하고 있다.

우리 회사에는 영업부가 없다. 직원들에게도 영업의 부담을 주지 않는다. 오로지 회사 이익 차원에서 영업 압박을 가하면 지금보다 빨리 성장했을 수도 있었겠으나, 멀리 볼 때 결코 바람직한 일이 아니다. 직원들이 행복하고 만족할 때 일도 잘하게 되고 결국 회사도 성장하는 선순환이 이뤄지는 것이다. 성공은 사람이 좌우한다는 일념으로, CEO조찬포럼 등의 모임을 열어 교류했으며, 비비테크가 좋아서 찾아오거나, 사업을 시작하면서 나를 인터뷰하고자 찾아오는 사람들을 마다하지 않고 소통했다. 보통 1년에 약 2,000명이 우리 회사를 방문하는데 그렇게 소통하다 보면 그 안에서 사업이 이뤄지기도 한다.

03
좋은 일터에서 일하면
생산성은 덤

　　회사에 다닐 때 더러 협력업체를 방문했을 때 받은 느낌, 창업 준비하며 가보았던 몇몇 중소기업들이 반면교사가 되어 나는 보다 쾌적한 환경에서 가족 같은 분위기로 일을 해야겠다는 결심을 굳혔다. 직원들에게도 "가정의 안정이 회사의 안정"이라고 입버릇처럼 말하며, 결혼과 출산, 육아 복지에 나름 최선을 다해 지원했다. 남성출산휴가, 육아휴직 및 단축근무제, 임직원 결혼기념일 지원 등이 그것이다.

　　구체적으로 일·가정양립 TF팀을 구성해 출산 및 육아지원, 육아휴직 및 유연근무제를 확대 도입했으며 자녀들이 성장함에 따라 교육비도 지원했다.

　　그 결과 2016년 회사 강당에서 열린 '저출산 극복을 위한 복지부-경기도 현장소통'에서 사내 부부가 행사의 사회를 맡아 우리 회사의 일·가정양립에 대한 설명을 했는가 하면, 창립 멤버인 한 임원은 2016년 셋째 늦

카페로 꾸민 직원 휴게실

둥이 돌잔치를 열었고, 한 부장은 10년 만에 둘째 임신소식을 알려와 회사가 온통 잔치분위기였던 적도 있었다.

그때까지만 해도 여직원은 결혼하거나 사내커플이 되면 자의반타의반 그만두었다. 출산, 육아까지 겹쳐지면 스스로 그만두는 경우가 대부분이었는데, 당시에 나는 법정 육아휴직기간보다 길게 선제적으로 출산 및 육아휴직을 시행했었다.

또 근무시간을 유연하게 해, 부모와 자녀를 돌보며 일할 수 있도록 했으며 남성출산휴가도 실시했다. 비비테크 직원들은 결혼 후에도 출산과 육아를 병행할 수 있고 저녁이 있는 삶이 보장되어 일에 얽매이지 않고 즐기면서 회사를 다닐 수 있도록 한 것이다.

2009년 화성 공장부지가 동탄신도시로 수용되면서 수원에 사옥을 짓고 회사를 옮겼다. 이때 사옥의 한 층은 온전히 직원들을 위한 복지 시설로 꾸몄다. 사실 당시 회사규모로 볼 때 2층으로 지어도 충분했으나, 4층

●비봉, Best of Best, 비비테크

으로 지어 한 층은 직원 복지시설로, 4층은 대강당으로 만들었다. 멀리 앞을 내다보고 과감히 지른 것이다. 좀 과장해서 말하면 많은 업주들은 어떻게 하면 남의 입에 들어가는 떡을 낚아챌까만 생각한다. 사실 근로자들에게 집은 그저 가정이 있는 안식처, 잠만 자는 곳이고 회사가 자신의 삶의 대부분을 보내는 곳이다. '근로자들 삶의 현장', 나는 여기에 방점을 찍었고, 결과적으로는 신의 한수가 되었다.

사원 복지가 우선되어야 작업환경이 좋아지고 능률도 오른다. 그러면 직원 구하기도 쉬워지고 원청업체의 신뢰도도 높아지는 선순환이 이루어진다.

회사의 주인은 '직원'이고 '좋은 일터에서 일하면 생산성은 덤'이라는 생각에서 노래방, 당구장, 탁구장, 찜질방, 샤워실, 스크린골프장, 무료 음료자판기 등을 설치했다. 건물 설계자와 건축자, 지인들이 극구 말렸으나 직원들이 회사 내에서 활기를 찾으면 그것이 일과 업무로 자연스럽게 연결이 된다고 판단해 내 생각을 굽히지 않았다. 근무시간이든 아니든 누구나 자유롭게 이용하도록 했는데, 혹시라도 눈치 볼까봐 초기에는 내가 먼저 탁구시합을 하자며 분위기를 이끌었다. 직원들이 상하 관계 없이 어울려 스킨십을 하고 친목을 도모하다 보면 자연스레 '원 팀(One Team)'이 형성되어 생산성 향상으로까지 이어짐을 확신했기 때문이다.

당시 우리 회사의 업무 특성상 1년에 4개월 정도는 일거리가 없다. 일거리가 없는데 굳이 책상 앞에 앉아있는 것은 고역이 아닐 수 없다. 차라리 당구를 치거나, 노래를 부르며 스트레스 해소하고 쉴 때 제대로 쉬어야 다음에 일을 할 때 훨씬 능률이 오를 것이다.

화성 서신면에 회사연수원을 지은 것도 회사 단합대회나 워크숍은 물론, 주말에 직원 가족들끼리 편히 이용할 수 있는 숙소를 제공하기 위함이었다.

이밖에도 주말농장 운영, 동호회 활동비 지원, 헬스비 지원, 체육대회 및 MT 지원, 해외연수, 리프레시휴가 등을 마련해 '즐거운 회사', '다니고 싶은 회사'가 되도록 노력했다.

특히 우수사원 가족 동반 상해지사 견학 및 유적지 탐방, 미국과 홍콩 등 해외여행을 지원했다. 연말에는 가족 초청 송년의 밤을 열어 우수 직원들에게 최고급 양복과 명품 가방 등을 선물했다.

사내 복지뿐 아니라 사회에도 눈을 돌렸다. 직원들에게도 기부문화교육을 실시하고 실천하도록 독려하고 있다. 어린이재단을 통해 매달 30만 원씩 빈곤아동돕기 후원을 하고 있으며, 케냐 바링고에 정보기술센터를 세우고, 커피농장을 일궈 더 나은 삶을 살도록 거들고 있다.

04
전문가 사관학교

8명으로 출발한 우리 회사는 현재 70여 명의 직원이 안전관리와 작업관리, 품질관리를 하며 1,000여 명의 협력업체 직원들과 더불어 살아가고 있다.

창업한다고 했을 때 6개월이면 퇴직금 다 까먹을 거라는 우려는 다행히 일어나지 않았고, 59회 친구들이 내민 통장도 건드리지 않고 자립할 수 있었다.

우리와 같은 외주업체들의 애로점은 주어지는 일이 일정하지 않다는데에 있다. 일이 들쭉날쭉해서 그에 따라 인원을 늘렸다 줄였다 해야 한다. 예를 들어 300명이 들어가서 일을 하고 있는데 갑자기 장비반입이나 새로운 프로젝트가 생겨 그 중 200명을 그 프로젝트에 맞는 직원들로 보내달라고 하면 보름간은 공회전하게 된다. 나가기 일주일 전부터 이미 마음이 떠나 있으며 새로 들어온 사람들은 업무를 배우다 보면 일주일이 지나간다. 그러면 보름 후에는 200명 모두 제몫을 해내느냐 하면 그것도 아니다. 그 중에는 에이스도 있고, 중급, 초보가 섞여 있기 때문이다.

그래서 우리와 같은 외주업체에서는 자기 회사에서 키운 인력이 유출되는 것을 심히 꺼렸다. 기껏 가르쳐서 좀 할 만하면 다른 경쟁업체에서 스카우트해가곤 하는 일이 비일비재했기 때문이다.

대부분의 사람은 처음 입사할 때 여기서 끝장내겠다, 최고 전문가가 되겠다, 회사에 도움이 되겠다는 다짐을 할 것이다. 그러다 어느 정도 숙련되고 지위도 올라가면 주변과 비교를 하면서 마음이 흔들린다. 혹은 다른 업체에서 더 좋은 조건으로 유혹하면 초심을 잃게 된다.

직원들이 그만 두겠다 할 때, 다른 곳에서 더 좋은 조건으로 부른 것이라면 얼른 가라고 했다. 내 회사에서 일을 배운 직원이 다른 곳에서 능력을 발휘하면 결국 비비테크가 올라가는 것이니까. 나는 또 새로운 인재를 발굴하면 되고, 그렇게 인력 풀을 키워서 기술 인력이 증가해야 이 업계가 안정적이고 균형적으로 공존할 수 있다고 생각하기 때문이다.

2006년 김규환 명장 특강

가끔 새 업체 직원들이 미숙하면 발주 담당자는 비비테크에 가서 배워 오라고 한단다.

내가 개방정책을 쓰니 새로 창업하는 사람들, 심지어 재취업하려는 사람들도 나를 찾아와 무엇을 어떻게 준비해야 할지에 대해서 묻곤 한다. 그때마다 내가 아는 한 모든 걸 다 알려준다. 때로 잘못된 결정은 고쳐주기도 한다. 주변에서는 나의 공짜 컨설팅을 말리기도 하지만 파이를 키워야 나눌 수 있는 몫도 커진다는 내 생각에는 변함이 없다. 그게 바로 더불어 잘 사는 길이라고 생각한다.

어디나 마찬가지겠지만 우리 회사에 들어와 일을 배워 어느새 베테랑 기술자로 성장해 회사 관리자로 승진하는가 하면, 신생회사에 스카우트 되거나, 창업하거나 대개 이 세 가지 길을 간다. 이중에 창업하는 사람들은 특히 근면성실하다고 본다. 여기에 바라지도 않지만 충성심까지 있다면 아주 멋진 사람이다.

주기적으로 실시하는 임직원 소통의 장 행사

05
가정이 편안해야
일도 잘 된다

우리가 흔히 '노가다'라고 하는 말은 영어 'No'와 일본어로 형태, 틀을 뜻하는 'かた'의 합성어로 알고 있다. 어디에 얽매이지 않고 일하는 점은 좋을 수 있으나, 일이 매일 있으라는 보장이 없으니 불안정하다. 나는 직원을 뽑을 때 4대 보험에 가입한 정규직원이 되어야한다고 강조하나, 개중에는 "자신은 기술자이니 직원이 아닌 일당으로 급여를 달라"는 사람도 많다.

창업해서 직원을 모집했는데 어느 지원자가 자칭 '용접 전문가'라며 일이 있든 없든 월 500만 원을 보장해달라고 했다. 협상 끝에 낮춰서 채용했는데, 기대 이상의 성과를 내 감탄할 정도였다. 잔업을 챙겨주는 등의 방법으로 그의 요구를 맞춰주었으나, 얼마 안가 이직하고 말았다.

어느 날 가정을 일찍 꾸려 아이가 고등학생인 40대 초반의 직원이 들어왔다. 식구들은 지방에 있고 자기 혼자 방을 얻어 출퇴근한다고 했다.

가족 초청 임직원 서머 페스티발

가정이 편안해야 일이 잘 풀린다는 게 나의 소신인지라, 그에게 정규직 원이 될 것을 권유하고 식구들을 불러올려 회사 근처에 둥지를 틀라고 했다. 자기 계발하라고 노트북도 사주었고, 어쩌다 가족이 올라온다고 하면 법인카드도 내주었다. 그러나 끝내 일당제를 고집했고 얼마 안가 그만두고 말았다. 그들 사이에 커뮤니티가 있는지, 어디가 일당이 높다더라 하면 그날로 옮겨가곤 했다.

또 한 번은 현장 기능 인력 모집에 5명이 찾아와 4명은 숙련공이고 한 명은 아직 배우는 단계이나 성실해서 곧 따라갈 테니 모두 같은 월급을 달라고 했다. 결과는 그 한 명은 끝까지 남았고 4명은 금방 다른 데로 가버렸다.

그런가 하면 나의 창업 소식을 듣고는 다니던 회사를 그만두고 우리 회사로 온 직원도 있다. 삼성에 있을 때 내가 채용했던 여직원인데, 나보다 먼저 창업한 직원의 회사로 따라가 일하던 중 내가 창업한다는 소식을 듣고는 우리 회사로 보내달라고 사정사정해 왔다. 그 직원은 총무부에서 일했는데, CAD를 배우게 했더니 설계도 척척해내는 멀티플레이어가 되었다.

나는 직원들을 따뜻하게, 인격적으로 대해주면 원하는 걸 다 해낼 수 있다고 생각한다. 그것은 1차 벤더, 2차 벤더사에게도 마찬가지이다. 내 가족이라 생각하며 인격적으로 대할 때 그들도 나에게 호의를 가지고 협조할 수 있는 것이다. 그것이 상생의 길이라고 생각한다.

"당신이 상대방을 인격적으로 대할 때 당신의 인격은 올라간다."고 나는 누누이 직원들에게 얘기한다.

#06
산학협력과 소사장제도

    2006년 4월 경기도립직업전문학교와 산학협력협약을 시작으로, 2009년부터 협성대, 수원대학교와 산학협동 협약을 체결해 계속해오고 있다. 산학협력을 통해 실무자들이 반도체소양교육과 특성화교육을 받을 수 있게 했으며, 필요한 경우 관련 분야 전문가를 소개받게 되었다. 대학생들은 우리 회사에서 현장체험과 인턴 과정을 했고 우리 직원들은 학사 편입해 공부할 기회를 얻으니 서로에게 좋은 일이었다.

    또한 고등학생들의 진로캠프 등 취업 관련 행사장소로 우리 회사 컨벤션홀을 제공하기도 했다. 2016년 수원상공회의소가 주최한 '특성화고 신입생 진로캠프 총평 및 평가회'를 우리 회사에서 열었는데, 이때 단순히 장소 제공만 하지 않고 나도 같이 참석해 진로와 취업 사이에서 고민하는 청소년들의 얘기를 듣는 기회를 가졌다.

    노·사 구분 없이 함께 성장하는 기업, 아니 직원이 성장해야 회사도 발전한다는 생각에 나는 기회 있을 때마다 직원들에게 배움을 강조했다.

수원대 김현기 교수와 학생들의 비비테크 방문

 또한 자녀들에게 부모의 최종학력을 자랑스럽게 애기할 수 있으면 좋겠다는 생각에서 대학공부를 원하는 직원에게 공부할 기회를 주고 등록금도 지원했다. 처음엔 16명이 손을 들어 학자금을 지원했는데 실제로 대학에 다닌 사람은 7명이고 졸업한 사람은 5명이다. 이들 모두 특진을 시켰고 더 공부해서 자격증도 획득하라고 적극 독려했다. 그런데 5명 중 4명이 다른 회사로 갔다. 내 입장에서는 아쉽지만 반도체시장 전체를 두고 볼 때에는 그만큼 인력풀이 커지는 것이라고 대승적으로 생각하고 있다.

 어쨌든 끊임없이 자기계발을 하다 보면 시야가 넓어질 것이고 생각지 못한 아이디어를 낼 수도 있으니 직원에게나 회사에게나 좋은 일이라는 생각엔 지금도 변함이 없다.

 직장인이라면 누구나 언젠가 다가올 은퇴를 고민할 것이다. 나 역시도 그런 고민을 겪어봤기에 은퇴를 걱정하는 직원들을 위해 해줄 수 있는 것이 무엇일까 고민하다 생각해낸 것이 소(小)사장제도이다. 창업을 원하는 직원은 회사를 차리도록 적극 지원했고 비비테크의 협력업체로 정해 일감을 주고 회사가 자립할 수 있도록 도왔다. 사업 역량이 있는 직원들이 더욱 많아져 비비테크의 협력업체들이 늘어나는 것이야말로 상생의 길이라고 생각한다.

더불어 더 많은 직원을 채용해 직업 없는 사람들을 구제하고 싶은 마음이 굴뚝같으나, 우리 일이 발주처 상황에 따라 변화하는 불안정성이 있어 주저하고 있다. 그러나 이마저도 우리가 선제적으로 대비하면 어느 정도 불안정성을 극복할 수 있다고 본다.

요즘 나는 기업컨설팅에 관심이 많다. 누가 창업한다고 하거나, 경영의 어려움을 토로해 오면 내 일인 양 걱정해주고 조언한다. 투자에 앞서 시장조사가 먼저다, 돌다리도 두드려본 후 건널지 말지 결정하라 등의 말로 속도조절을 하도록 유도했다.

직원들의 몸집이 커져 스카우트되거나 창업할 때도 적극 도와주었다. 특히 창업하는 직원에게는 관련 업무를 공유해서 영업을 돕는 등 디딤돌 역할을 해주었다.

우리 직원 중 20명 정도가 창업했는데, 이중 정상적인 기업활동을 하는 사람은 50% 정도다. 100억 이상의 매출을 올리는 사람도 몇 명 있다. 극히 바람직하고 정상적인 현상이라고 본다.

다만 지속해서 관계를 유지해가면 좋을 텐데, 교류가 이어지는 사람은

10% 정도에 불과해 다소 아쉽다.

얼마 전 일요일에 회사에 갈 일이 있었다. 그런데 신입 직원이 음료수와 빵을 사와서 내게 내밀었다. 삼십대 초반의 양궁선수 출신이라는 그 직원에게 다시 양궁할 거냐고 했더니, 절대 안 돌아갈 것이라고 했다. 나는 잘 생각했다, 궁금한 거 있으면 나한테 전화하라고 등을 두드려주었다. 그랬더니 깍듯이 절하고 돌아갔다. 세대갈등 운운하는데, 여전히 인간관계의 기본은 살아있음을 느낄 수 있어 흐뭇했다.

어떤 때는 작심하고 잔소리할 때도 있는데 그중 하나가 표정관리다. '웃는 얼굴에 침 뱉으랴?'는 옛말처럼 미소를 띠고 있으면 회사 분위기도 좋고 상대방이 다가가기도 쉬울 것이다. 아침에 출근해서 직원들이 활기차게 웃고 있으면 "무슨 좋은 일이 있냐, 나도 좀 배우자, 기 좀 받자"하면서 다가가게 된다. 마찬가지로 거래처 사람들도 미소를 띤 우리 회사 직원들과는 상대하기가 즐거울 것이다. 이처럼 긍정적인 에너지가 발산되는 회사가 되어야 한다는 생각에 나는 자주 이렇게 주문한다.

"다들 집에서부터 활짝 웃다가 그 모습으로 출근해라."

비비테크 대강당에서 열린 특성화고 신입생 진로캠프

07
한발 앞선 주5일 근무제

2003년 근로기준법이 개정되면서 2004년 7월부터 일부 정부부처의 시범운영과 1,000명 이상의 사업장 공식운영으로 도입된 '주5일 근무제'는 사업장 규모별로 차례대로 적용되어 2011년 7월부터는 5명 이상의 모든 사업장에 적용되었다.

지금이야 당연한 것으로 인식하고 있지만, 주6일 근무에서 주5일로 가는 것은 우리 사회의 큰 변화였다. 이는 사회 흐름의 큰 물줄기를 바꾸는 것으로, 그로 인한 파장에 대해서는 아무도 얘기하지 않는다. 정부는 고용증대만 강조하지 말고 노동자와 기업주, 사회, 국가 모두에게 어떤 영향이 있을지 더욱 심도있게 검토하고 실행했으면 하는 아쉬움이 있다.

만일 주5일 근로제를 도입하기로 했으면 적어도 1년의 유예기간을 두어 그 제도로 인한 혜택과 손해, 포상과 징벌 등을 꼼꼼히 연구하고 홍보한 후에 실시해도 늦지 않는다고 생각한다. 중소기업을 운영하는 입장에서 주5일제로 인해 고용 창출을 일으킨 기업에는 상을 준다든지 하는 구체적인 방안도 함께 마련되어야 한다는 생각이다. 즉 대부분의 제도들이 지켜지지 않을 때 징계하는 '채찍'만 있지, 잘 지킨 것에 대한 '당근'은 없다는 것이다. 기업인의 입장에서 아쉬운 부분이다.

어쨌거나 우리 회사는 2006년에 주5일제 근무를 선언했다. 이미 1년여 전부터는 토요일 오전 근무자에게 특근수당을 지급하고 있었다.

그런데 주5일로 근무시간이 줄어든 만큼 근무는 더 효율적으로, 압축적으로 해야 하는데, 직원들의 자세는 이전과 달라진 게 없었다.

단순히 숫자상으로 계산해보면 5명이 주6일 근무시 일당이 12만 원이라면, 1명을 충원해 주5일 근무하면 10만 원으로 일당을 줄여야 급여총량기준으로 같아진다. 그러나 현실에서 일당을 줄이기가 쉬운 일이 아니다. 일의 양과 질에 있어서도 최소한 이전과 같은 결과가 나와야 하나 실제는 그렇지 않다.

고용주의 입장에서 한창 일이 바쁠 때는 솔직히 직원들의 담배 피우는 시간, 커피 마시는 시간도 아깝다. 담배 피우러 나가며 여기 기웃 저기 기웃하며 방해하고, 담배 피우고 나서도 한참을 노닥거리다 사무실로 들어오곤 한다. 잠깐 쉬면서 머리도 식히고 더 열심히 일해보자고 심기일전하기 위함이 아닌가? 업무의 효율을 높이기 위해서가 아니라 어떻게 하면 좀 더 놀까하는 데만 치중하는 것 같아 속이 끓을 때가 한두 번이 아니다.

예전의 새마을운동을 생각해보자. 그때는 모두 한 마음으로 뭉쳐서 '한 번 해보자', '우리도 할 수 있다'는 정신이 있었다. 새벽종이 울리면 일어나 체조하고 청소하고, 성금 내기 운동하면 한 마음으로 참여하곤 했었다. 물론 다 옳았다는 건 아니지만, 그래도 '으샤으샤 정신'이 있었기에 오늘날의 번영이 있다고 생각하는 나로서는 요즘의 근로세태를 볼 때마다 주먹을 불끈 쥐곤 한다.

나는 우리나라 모든 직원들이 각자 자기 위치에서 집중력을 높이면 우리나라의 경쟁력은 지금보다 2~3배는 올라갈 것이라 확신한다.

그런데 어느 순간 갑자기 우리나라 근로환경이 호화롭게 변화되었다. 물론 '워라밸(Work Life Balance)' 시대에 자기 삶에 충실한 건 좋다. 그러나 일과 삶의 균형을 깬 지나치게 럭셔리한 삶만 추구하는 것 같아 씁쓸하다.

08

담배 끊으면 30만 원

나는 늘 남들보다 한 발 앞서 새로운 제도나 문화를 도입했다. 금연운동도 그 중 하나다.

그전에 내가 왜 금연운동을 벌이게 됐는지부터 얘기해야겠다.

담배를 끊기 전까지 나는 하루에 담배 1.5~2갑을 피웠다. 어느 주일에 교회에 예배드리러 갔다. 그날도 여느 때처럼 교회에 들어가기 전 담배를 한 대 피우고 나로선 최선을 다해 담배 냄새를 없앤 후 교회 안으로 들어가 예배를 드렸다. 예배가 끝나고 교회 식당으로 내려갔는데, 교인들이 슬슬 나를 피해 앉는 것이었다. 내게서 그렇게 고약한 담배냄새가 나는 줄을 나만 몰랐던 것이다.

또 한 번은 오산에서 살 때, 퇴근 후 송탄의 유명한 짬뽕집으로 아내와 함께 차를 타고 가던 중에 일어났다. 용감하게도(?) 차 안에서 담배를 피운 후 차창 유리창을 살짝 내리고 담뱃재를 털어버렸다. 비가 와서 얼른 유리창을 올리고 운전해 가고 있는데 어디선가 머리카락 타는 냄새가 났다. 차창 밖으로 버린 담뱃재가 와류로 다시 차 안으로 들어와 아내 머리에 붙어서 타고 있었던 것이다. 뒤통수를 만지다 담뱃재를 꺼낸 집사람은 하도 어이가 없는지 너털웃음을 지었다. 당장 차 세우고 싸우지 않은 것만도 다행이었지만, 나 스스로에겐 너무도 참담한 사건이었다.

2008년 말 역시나 지난 일에 대한 반성과 새해계획을 세우기 위해 가족과 함께 캄보디아로 여행을 갔다. 공항 면세점에서 예전처럼 담배를 샀는데, 문득 새해부터는 담배를 끊어야겠다는 생각이 들어, 당장 여행지에서부터 담배를 피우지 않았다. 2009년 1월 3일이었다. 그런데 금단현상이 장난이 아니었다. 머리를 쇠줄로 묶어 끊는 것 같은 고통이 계속되었고 그때마다 면세점에서 사온 담배에 손이 갔으나, 불을 붙이지는 않았다. 이후 몇 개월은 다시 피우고 싶은 마음과 금단현상의 고통과의 싸움이었다. 결국 이겨낼 수 있었던 것은 다시 피웠다 끊을 때 또 겪을 금단증세 공포 때문이었다. 그 정도로 금단이 심했다. 그 후로 지금까지 피우지 않고 있으나 지금도 꿈에서 담배를 들이키면 시원하다.

사실 담배는 백해무익하다. 건강에도 안 좋고, 냄새가 배며, 주머니가 지저분해진다. 길거리에 버려지는 담배꽁초는 또 어떤가? 장마철이면 하수구를 막아 역류의 원인이 되기도 하며 대형 산불을 일으키기도 하는 등, 사회정화에 치명적이다. 담뱃값도 무시할 수 없다.

나는 직원들에게 금연운동을 선언하며 전 직원에게 금연수당으로 30만원씩 지급했다. 본래 금연운동에 참가하는 직원에게만 주려 했으나, 안 피우는 사람과의 형평성 문제도 있고 금연운동을 도우라는 차원에서

전 직원에게 지급했다. 그리고 금연각서를 받았다. 각서를 쓰고 담배 피우다 걸리면 두 배의 벌금을 내며 신고한 사람에게는 벌금의 절반을 준다는 내용도 있었다. 어느 정도 금연이 정착되자 또 전 직원에게 30만 원을 지급했다. 그 결과 금연에 성공한 사람도 있고 아닌 사람도 있지만, 사원들에게 하면 된다는 정신과 단결심을 갖게 한 것은 사실이다. 덧붙여 애사심도 증가했다면 금상첨화고.

그러나 해외 프로젝트로 나간 직원들은 관리가 안 되고 또 역차별이란 의견도 있고 해서 지금은 각자의 인격에 맡기고 있다. 또 협력업체 직원들이 늘어나면서 흡연장을 설치할 수밖에 없었는데, 다시 한 번 금연운동을 벌이고픈 생각도 있다.

사업장 곳곳에 써 붙인 환경안전 10계명

09
경찰차가 출동하다

언제나 조용하던 회사에 요란한 사이렌 소리와 함께 경찰차가 들이닥쳤다. 누군가가 회사의 물건을 빼돌리는 것 같다는 첩보를 듣고 경찰이 출동한 것이다.

신고를 받고 출동한 경찰을 보는 순간 무수한 고민과 갈등이 일어났다. 몇몇 직원들의 얼굴이 떠오르자 큰 갈등이 밀려왔다. 회사 물건이 빼돌려졌다는 사실도 속상했지만 그 직원을 생각하니 더 마음이 아리고 아파왔다. 수십 시간 같은 몇 분을 보냈다. 그리고 출동한 경찰에게 그 물건은 현재 유통되는 제품이 아니어서 그 값이 맞다고 설명한 뒤 돌려보냈다.

그렇게 수습한 후 직원들에게는 무언의 대화로 상황을 종료했다. 그 후 이런 불미스러운 일은 다시 생기지 않았다. 나도 회사일로, 사회 일로 바쁘게 지내며 그날의 기억을 지우려 애썼다. 회사는 가던 길을 좀 더 빨리 달리게 되었고 노사 갈등의 불을 미리 끌 수 있게 되었다. 더불어 직원 입장에서의 복지에 더욱 신경을 썼다.

성공한 많은 사람들도 어려운 시절 빵을 훔친 적이 있다고 한다. 그러나 이내 잘못을 뉘우치고 올바른 길로 나아가 성공했음을 고백하곤 한다. 나도 상황 때문에 나를 속인 적이 있다.

당시 이 일의 시시비비를 가렸다면 순간 속은 시원할 수도 있었을 것이다. 하지만 직원들의 마음은 굳게 닫히고 노사 간에 보이지 않는 갈등이 고개를 들었을 것이다.

사람들이 가는 길은 같을 수 있다. 그러나 능력과 개성이 똑같은 사람은 아무도 없다. 손재주가 능한 사람, 재치가 있는 사람, 큰 매듭을 잘 풀고 매는 사람, 말을 잘 하는 사람 등 모두 각자의 재능을 지니고 있다. 다만 스스로의 장점을 모르거나, 회사에서도 그것을 모으는 시스템이 없을 뿐이다.

가난한 집안에 태어나고, 나쁜 환경에 놓이고 싶은 사람은 아무도 없다. 하지만 노력과 환경, 시스템이 주어진다면 누구든 자신만의 일을 찾을 것이다.

이것이 작은 사회로써 회사가 해야 할 일이라고 나는 생각한다.

생각이 다른 모두가 올바른 방향과 행복을 찾아가는 길!

어느덧 그 길을 위해 함께 노력해 줄 많은 직원들이 있어서 마음이 든든하다. 한 곳을 향해 희망의 노를 지어주는 모두에게 깊은 감사를 드린다.

10
일자리 우수기업 대표로
대통령과 나란히 앉다

돌이켜보면 나는 상복이 많은 것 같다.

2004년 창업해 2006년까지는 자생력을 확보하는 창업과 도전의 시기였다. 수익의 대부분을 경영기반 안정화와 비비테크만의 독자적 아이템과 신제품 개발에 사용하는 등 마케팅과 연구 관리부문 셋업에 주력했다.

2007년부터 2009년까지는 확산과 강화의 시기로 시장 조기 선점, 글로벌 마케팅 기반 구축, 전문인력 육성을 통해 유망 기업으로 발돋움하려 노력했다.

2010년 이후의 비비테크는 혁신과 성장의 시기로 선두 반도체 정비업체로 확실한 자리매김을 해왔다. 기술개발에 특히 주력한 결과 20여 개의 특허기술도 보유하는 등 기술거점을 확보하고 있다.

이러한 성장과 발전이 있기까지는 직원들이 모두 주인의식을 갖고 열

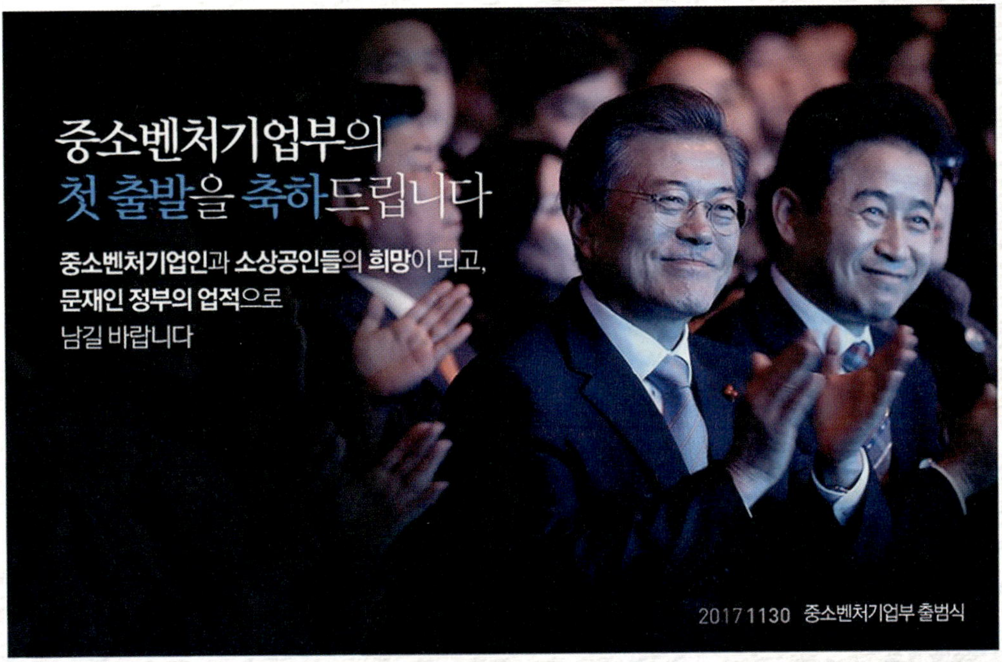

2017년 청와대 홈페이지에 게재된 중소벤처기업부 출범식 사진

1. 2007년 대한민국기술대상 산업부장관상 수상 2. 2008년 경기도 유망중소기업 인증서 수상 3. 2008년 중소기업 대상 수상 4. 2017년 경기가족친화 일하기 좋은 기업 인증

심히 일을 해줬기 때문임은 말할 것도 없다. 내가 할 수 있는 건 직원들이 내 회사처럼 일하도록 최상의 작업환경을 조성하는 일이었다.

그 결과 2007년에는 대한민국기술대상 산업부장관상을 수상했으며, 2009년에는 신노사문화정착 우수기업 공로표창을 받았다. 또 2011년에는 지식경제부 주관 '대한민국 일하기 좋은 300대 기업'상을 수상했고, '경기도 일하기 좋은 일터 인증'도 받았다. 이후 3회 연속 '일하기 좋은 기업'으로 선정되었는데 3회 연속 수상은 아마도 비비테크가 처음일 것이다. 같은 해에 IBK기업은행 우수기업 표창, 국세청 납세의 날 모범상 표창, 수원시장 표창도 받았다. 2013년에는 기술혁신문화부문 문화산업대상, 수원시 지역경제 발전 및 수출증진 표창, 2014년 한국문화산업학회 문화산업대상, 2015년 제1회 수원시 중소기업인 대상을 수상했다. 이밖에 삼성전자로부터는 안전보건활동 우수사례로 인정받아 여러 차례 상을 받았다.

2014년 7월에는 제3회 인구의 날을 맞아 국민훈장목련장을 받았다. 우리 회사가 실시해온 다양한 복지제도들, 남성 출산휴직제, 육아휴직, 탄력근무제, 임직원 자녀교육 지원, 휴양시설 도입 등이 일·가정 양립 및 확산에 기여했음을 인정받은 것으로 이 역시 기분 좋은 수상이었다.

이중에서도 '일하기 좋은 기업' 3년 연속 수상이 특히 의미 있고 기억에 남는 상이다. 그도 그럴 것이 임직원들이 직접 회사에 대해 평가하고 그 평가 결과를 가지고 수상 여부를 가리는 것이기 때문이다. 직원들 스스로 회사를 아끼고 자부심을 가지고 있음을 증명한 것이니 직원들에게 고맙고, 무엇보다 나의 진심이 통한 것 같아 흐뭇했다.

또한 '일하기 좋은 기업' 수상으로 대통령 옆 좌석에 앉는 영광까지 누렸다. 2017년 11월 30일 코엑스에서 열린 중소벤처기업부 출범식에 전국의 중소기업, 벤처 기업, 소상공인, 자영업자 대표 400여 명이 참석했는데, '일자리 우수기업' 대표기업으로서 대통령 바로 옆 자리에 나를 앉혔다.

그 사진이 청와대 홈페이지에 한 동안 게재되어 많은 사람들로부터 인사를 받았다.

2009년 수원산업단지 내에 본사 사옥을 준공하고, 주민, 기업인 등을 초대했다.

11
사장님이 미쳤어요

  2016년 중소기업청에서 처음 제정한 '미래를 이끌 존경받는 기업인'은 기업의 성과를 근로자와 공유하여 기업과 근로자가 함께 성장하는 경영철학을 실천하는 중소·중견기업 경영인 12명을 선정해 열심히 하려는 중소기업에 힘을 실어주는 상이었다.

  영광스럽게도 내가 12명 중 한 명으로 선정되면서 KBS의 청년일자리 프로젝트 나눔 경영쇼 '사장님이 미쳤어요' 프로그램에 출연하게 되었다.

  어느 날 KBS에서 우리 회사를 찾아와 사전 취재를 한 후 개그맨 강성범이 우리 회사 곳곳을 돌아보며 사원 복지시설과 제도를 소개했으며, 제부도 연수원까지 며칠 동안 촬영을 해갔다. 2017년 1월 8일에는 사원들과 함께 KBS 스튜디오에서 녹화도 했고 방송은 1월 22일에 했다.

  방송 후 주변에서 알아보는 사람이 늘어났고 비비테크 인지도도 상승했다. 신문 등 매체에서도 방영 사실을 보도해줘 방송의 위력을 새삼 느낄 수 있었다.

당시 언론에 난 기사들 중 일부를 인용한다.

"… 이날 '사장님이 美쳤어요' 5회에서는 복지의, 복지에 의한, 복지를 위한 중소기업 '비비테크'를 소개한다. 비비테크는 직원들의 휴식 시간을 위해 노래방, 찜질방, 당구장, 탁구장을 마련했다. 게다가 즉석에서 만들어 제공하는 뻥튀기에 냉장고 가득한 아이스크림까지 모두 직원들 몫이다.
비비테크는 교육을 원하는 직원은 100% 대학 등록금까지 지원한다. 매년 송년회엔 사장님의 통 큰 선물도 쏟아진다. 지난해 연말 선물로 남자 직원에게는 최고급 맞춤양복, 여자직원에게는 명품 핸드백이 돌아갔다.
비비테크는 클린룸 제조업체다. 클린룸은 반도체, 제약공업, 연구소에 필요한 공기 정화 시스템이다. 비비테크는 해외에 의존했던 클린룸 기술을 국내 최초 국산화한 기업으로 고객 상황에 맞게 맞춤 설계해 질을 높이고 가격은 50% 낮춰 판매한다.…"

– 뉴스핌 2017. 1. 22.

"영업부 없이 오직 입소문만으로 성장한 클린룸의 대부, '비비테크'
조금은 낯선 '클린룸'은 반도체나 제약회사에서 주로 사용하는데 깨끗한 환경에서 제품을 생산할 수 있도록 공기 중 먼지 제거 및 온도 습도를 제어할 수 있는 건물 내부 시설이다.
비비테크는 해외에 의존하던 클린룸 기술을 개발하여 국내 최초 국산화를 이뤘다. 이 기업의 특별함은 여기서 끝이 아니다. 고객 맞춤형 설계로 질은 높이고 가격은 50% 낮추는 전략으로 이제는 세계 시장을 넘보고 있다.
…

고객들 공기 정화해주고, 직원들 스트레스 제거해주는 비비테크 만의 특별한 '클린' 기술이 대 공개된다.
직원 맞춤형 복지의 진수를 보여주고 있는 두 '美친 사장님'은 작년 10월 중소기업청에서 주관한 '미래를 이끌 존경받는 기업인'에 선정된 분들이다."

- 뉴스인사이드 2017. 1. 22

12
수원산업단지관리공단 초대 이사장

　수원산업단지에 부지를 마련, 처음으로 회사 사옥을 지었음은 앞에서 말한 바 있다. 그런데 4층 대강당이 산업단지 내 행사는 물론 수원시나 시의회, 공공기관 행사장으로 사용되면서 공유경제 실현의 본보기가 되었다.

　2004년부터 조성되기 시작한 수원산업단지는 2009년 당시 2단지 조성을 완료하고 3단지 조성 공사 중에 있었다. 수원 시가지 내에 무질서하게 들어서있던 IT기업들을 한 공간에 모아 놓음으로써 도시공간은 쾌적해졌고 기업들은 업체 간 정보교환과 협업 등 상생발전하고, 첨단산업 유치로 지역경제를 활성화하고 고부가가치 일자리를 창출할 수 있어 수원시와 기업 모두에게 좋은 수원시 최초의 산업단지였다.

　2009년 4월 새 사옥에 입주할 때, 수원시 유일의 산업단지인 만큼 단지를 효율적으로 관리하고, 입주기업들이 경쟁력을 높이고 건전하게 발

2017년 수원산업단지관리공단 출범식

전할 수 있는 지원조직이 필요하다고 느꼈다. 그래서 결성한 것이 수원산업단지협의회(2009년 7월)였다. 협의회에서는 수원시의 지원정책과 행정적인 업무를 지원하는 외에 이(異)업종간 교류와 정보교환을 통해 상생발전을 추구했다.

그 일환으로 매달 우리 회사 컨벤션홀에서 CEO 조찬포럼을 열었다. '경기CEO리더스아카데미'라 이름 붙인 조찬포럼에서 100~200명이 참석해 경영에 필요한 강의도 듣고 다른 기업과 교류하는 시간도 가졌다. 또한 CEO들간 골프모임을 주기적으로 열어 금융기관이나 공공기관, 교수 등과 함께 라운드하며 이업종 교류와 소통, 친목을 도모케 했다. 이렇게 CEO 조찬모임을 통해 만나는 사람이 연간 1,500~2,000명에 달했는데, 이중 0.2~0.3% 정도가 비즈니스와 연결되었다. 바로 앞만 내다보면

실망적인 수치라고 생각할지 모르나 수치로는 따질 수 없는 인적 네트워크 형성이 더 큰 자산이라 확신했고, 그 확신은 현재의 결과로 나타났다고 자부한다.

2010년 12월에는 CEO리더스아카데미를 수료한 CEO 약70여 명이 모여 지역과 함께 성장하는 강한 중소기업을 만들어보자며 '경기CEO리더스클럽'을 결성했다. 우리 회사 컨벤션홀에서 열린 창립총회에서 나를 초대 회장으로 뽑아줘 나름 열심히 일했던 기억이 있다.

이 모임이 대한민국에서 으뜸가는 리더들의 모임이 되도록 '기업경영에 필요한 학습역량 배양, 회원 간 네트워크 활성화 및 교류, 친목도모를 통한 시너지효과 창출'에 노력했다. 또한 노블레스 오블리주를 앞장서 실천함으로써 우리 경기도가 선진화되기를 희망했다.

수원산업단지는 삼성전자와 SK하이닉스와 트라이앵글을 이루며 수원 경제를 이끌어 나간다. 그런데 산업단지에 기업들이 점점 많이 입주하면서 협의회로는 단지 관리에 한계가 드러났다. 단지에 입주해 있는 많은 기업들이 시나 도의 지원정책이나 각종 인·허가 등 행정업무를 잘 몰라서 혜택을 못 받거나 업무 외 일에 시간을 빼앗겨 생산에 차질을 빚는 등 불이익을 당하는 경우가 종종 있었다. 수원산업단지협의회 4대 회장을 맡았을 때, 나는 수원시 기업지원과의 일자리창출팀을 산업단지에 파견 근무케 하여 입주기업의 어려움을 해결해주도록 했다. 또한 중소기업 제품의 우수함과 역량이 충분한데도 홍보 부족으로 고객에게 다가가지 못하는 것이 늘 안타까웠던지라 수원시 차원에서 기업을 홍보해주는 것이

수원산업단지 기업대표와의 현장방문 토론회

좋겠다는 생각을 갖고 있었다.

그래서 수원산업단지협의회의 기능을 더 강화한 수원산업단지관리공단 설립을 추진하게 되었고 2017년 3월 수원시로부터 수원산업단지관리공단 설립 인가를 받았다.

당시 수원산업단지에는 전기전자, 반도체, 기계금속 등 548개의 친환경기업이 입주해 있었고 약 1만4천여 명이 근무하고 있었다. 수원 유일의 첨단 산업단지 관리공단 초대 이사장을 맡는 다는 부담감도 있었지만 입주기업들이 어떻게 하면 업무 외적인 걱정 없이 편안하게 일할 수 있을까 하는 책임감이 더 막중했다. 입주기업들과 경기도 및 수원시, 기관단체와의 만남을 연결해줬고, 그 만남의 장소로 비비테크를 제공했다.

또한 입주기업의 생산성을 높이기 위한 정보교환, 기술제휴 촉진, 업체 간 교류 사업을 통해 1만4천여 근로자들이 생활의 터전, 복지의 터전, 경제의 터전이라고 확신하는 공단이 되고자 했다.

나는 이사장을 하는 동안 "우리 기업들이 열심히 일해서 세금 많이 내는 기업이 되자"고 농담 반 진담 반 얘기하며 전국적으로 성공 모델로 인정받을 수 있도록 노력했다.

또 지역주민들과의 소통에도 게을리하지 않았다. 권선구와 함께 무료급식차를 운영했으며, 케냐 바링고에 컴퓨터와 헌옷을 기부하는 공적개발원조 사업도 진행했다. 그런데 단지 내 많은 기업들이 봉사활동에 동참해줘 세상은 역시 더불어 살아갈 때 행복해짐을 새삼 느낄 수 있었다.

경기도기업경제인협회의 라오스초등학교 학용품 전달식

13

따거(大哥)

 2010년 글로벌 금융위기의 충격이 채 가시지 않은 시점이었지만, 주변의 권유로 중국 진출을 준비하던 때였다. 산시성(陝西省)의 성도 시안시(西安市)를 중국 진출의 교두보로 생각하고 여러 차례 답사했다. 산시성은 흥미로운 지역이다. 시안시는 옛 중국의 수도였고 삼국지에는 장안(長安)이란 지명으로 등장한다. 시진핑 주석의 고향으로 과거와 현재, 미래가 조화롭게 뒤섞여 있는 이 흥미로운 도시에서 나는 나의 삶에 중요한 한 사람을 만나게 되었다.

 그 사람의 이름은 화준푸(花俊福)이다. 화준푸는 장쑤성(江蘇省) 사람으로 수백 리 떨어진 산시성 시안에서 기업을 운영하는 기업가이다. 내가 처음 중국에 진출하겠다고 했을 때 주변에 수많은 사람들이 앞 다투어 인맥을 소개하겠다고 나섰다. 화준푸도 그러한 인맥들의 소개로 알게 되었으나 화준푸의 사업은 나와 접점이 없었다. 그리고 그는 굳이 한국인을 만나 사업을 하지 않아도 될 정도의 충분한 규모의 사업을 하고 있었

1. 코로나 후 방문한 화준푸의 신사업장 2. 화준푸 부부와 우리 부부 3, 4, 5. 섬서성 기업인 본사 방문
6, 7. 중국 방문 8, 9. 장쑤성 이정시 대표단 본사 방문

다. 그렇기에 오랜 시간에 걸쳐 인간적인 교류가 가능했다고 본다.

앞서 이야기했듯이 나는 목적이 있는 만남을 우선시 하지 않는다. 자연스러운 만남을 통해 서로의 이해가 있어야 그 후도 함께 이야기할 수 있는 것이라고 생각한다.

화준푸는 무협지에 나오는 호탕한 무림고수의 모습을 가지고도 있으며 따뜻한 친구 같은 모습을 가지고 있기도 하다. 어떤 때는 10대 소년의 모습을 보여주기도 한다. 남들 앞에서 애써 포장하려 하지 않고 있는 그대로를 보여주는 그에게 마음이 끌렸다.

이후 중국에 출장 갈 때마다 연락을 하여 화준푸를 꼭 만났다. 화준푸는 항상 가족들을 동행해 나를 환대해 주었다. 화준푸도 종종 한국에 방문했는데, 그럴 때면 호텔 대신 내 집에 머물며 일정을 소화하기를 권했다. 호텔에서 지내는 것보다 불편할 것이나 불편한 내색 없이 우리 가족들과 지내며 이야기꽃을 피웠다. 우리 둘은 서로 간단한 인사 정도만 가능했으나 소통의 열쇠는 마음이다. 마음만 있으면 방법은 어떻게든 구해지기 마련이다.

여식이 선견지명이 있어 중국어를 전공해 중국어 소통에는 문제가 없는 수준이었다. 결혼 전 함께 살 때에는 항상 통역을 자처했고, 딸이 결혼해 출가한 후에는 앱(App)의 도움을 받고 있다.

오랜 세월 교류하다 보니 국적도 다르고 자라온 환경도 다르지만 우리는 자연스럽게 형제가 되어 있었다. 화준푸와 중국에서 만난 새로운 식구들은 나를 '성따거'(成大哥)라 부른다. 나는 화준푸를 '내 가족'이라고 소개한다.

2018년 화준푸는 새로운 사업을 구상하고 있었고, 비비테크가 소유하고 있는 불소수지코팅 기술을 활용한 중국 내 사업을 누가 먼저라고 할 것도 없이 추진하기 시작했다.

화준푸는 고향인 장쑤성에서 사업을 하길 원해, 최종적으로 장쑤성 진주시를 거점으로 정했다. 불소수지코팅이라는 것이 불소수지를 이용해 표면에 막을 형성하는 기술인데 반도체 제조공정 중에 화학물질을 이송하는 관로에 적용이 된다. 파이프와 덕트(Duct)의 내부를 불소수지로 코팅하여 내화학성을 증대시키는 것이다. 독한 화학물질에 견디는 것이다 보니 제조과정도 까다롭고 여러 환경적인 규제도 따른다. 때문에 중국 내에서도 불소수지코팅 공장의 허가가 가장 중요한 일이었다.

법인 설립 준비를 마치고 나는 서둘러 중국으로 출장을 가 화준푸를 만났다. 한국과 중국 합작으로 반도체 공장에 필수로 적용되는 불소수지코팅 공장을 설립한다는 것 때문에 중국 정부는 놀라울 정도로 지원해주었고, 법인 설립은 일사천리로 진행되었다. 지금은 100여 명의 직원이 눈코뜰새없이 바쁘게 일하고 있지만 여기에 오기까지 어려운 시간들도 있었다. 한국 기준의 제품 생산을 인증받기 위한 설비 조건은 중국에서는 처음 겪어보는 일이었다. 가동 조건이 맞지 않으면 과감히 처음부터 다시 시작하기를 수 차례 반복하며 생산조건을 맞춰 인증을 획득할 수 있었다. 그후 몇 년간은 외국자본(한국)이 투입된 외상투자회사라는 이유로 시장 진입에 어려움을 겪어 공장이 쉬기도 했으며, 코로나19라는 초대형

악재가 발생하기도 했다.

　나는 한국에 있으면서 중국의 현황을 접할 때마다 해줄 수 있는 것이 없음에 마음이 아팠다.

　2023년 드디어 하늘길이 열리고 나는 중국으로 가 화준푸를 만났다. 놀라울 정도로 성장한 중국의 불소수지코팅 공장을 볼 수 있었다. 그리고 화준푸는 진심으로 내게 감사해 하고 있었다. 코로나19가 갈라놓은 몇 년의 시간 동안 화준푸와 공장 식구들은 자신들의 힘으로 회사를 성장시켰음에도 볼멘소리 대신 나를 '따거'라 부르며, 함께 더 많은 것을 이루자고 말한다.

　화준푸는 나와 같은 생각으로 같은 지향점을 추구하며 같은 길을 걸어왔고 앞으로도 함께 걸어갈 나의 소중한 가족이다.

14

대기업과 소상공인에 끼인 중소기업

지난 코로나사태 때 우리 회사는 앞장서서 1,000만 원을 내놓으며, 코로나 극복에 동참했다. 코로나는 그러나 3년간 계속되면서 우리의 모든 일상을 바꿔놓았다. 정부도 계속되는 사태에 다양한 지원책을 내놓았음은 다 알고 있는 사실이다. 전 국민 대상 재난지원금, 소상공인 지원금 등이 있었지만 우리 회사는 별도로 지원을 받지는 못했다. 물론 지원 받을 생각도 하지 않았지만, 중소기업은 늘 중간에 끼여 다양한 복지와 지원정책의 혜택이 오지 않는다.

얼마 전 우여곡절 끝에 입법된 중대재해처벌법에 대해서도 할 말이 많다. 나는 사업장에서 일어나는 모든 문제는 대표이사가 책임져야 하는 건 당연하다고 생각하며 창업할 때부터 모든 걸 책임져왔다. 아마 대다수의 경영주들이 나처럼 해왔을 것이다. 그런데 모든 경영주가 다 책임을 회피한다는 시선으로 보는 것 같아 개운치가 않다.

비비테크 같은 중소기업은 예방을 위해 올인하다시피 대비하고 있다. 이 법안의 취지에 맞춰 대비한 모범사례에는 인센티브를 주는 것이 공평한 것 아닌가?

특히 중소기업은 대기업과 소상공인(자영업자) 사이의 사각지대에 놓여있다고 해도 과언이 아니다. 대기업에 문제가 생기면, 그 문제의 원인이 기업이든 나라이든 상관없이 국가경제에 끼칠 파장을 염려하며 지원해준다. 또 서민경제를 살리자며 자영업자나 소상공인들에 대한 지원도 아끼지 않는다. 그 중간에 끼인 중소기업에 대해서는 모든 문제가 중소기업에 있다는 식의 색안경을 끼고 본다. 또한 지원이나 보호정책도 이현령비현령으로 비켜가는 경우가 많다.

국가 발전의 기본은 산업이다. 기관들은 현장 방문시 이론과 수치적인 것만 가지고 얘기한다. 대기업의 경우 하루 생산량이 어떻게 변했느냐, 직원 수는 어떻게 되느냐 등등을 묻고 그러면 이렇게 도와주면 되겠다는 통계에 근거해 지원해준다. 그러나 중소기업에 대해서는 아무런 데이터들이 없다. 중소기업이 실력이 없어서가 아니라, 도와야 할 근거가 없는 것이다. 많은 기업들이 순수 자기 자본만으로 기업을 운영하는 곳은 사실 그리 많지 않다. 대출을 일으키거나 정부 지원 자금을 받아 회사를 운영하는데, 정부지원자금의 경우 받은 사람이 또 받는 경우를 종종 보았다. 정부의 지원으로 성장했으면 다른 회사를 위해 양보해야 하는데, 지원을 받은 회사가 또 다른 정책자금을 받는다. 언론에서 중소기업의 이러한 실태를 제대로 취재해 여론화시켜야 한다.

내가 선입견이 있어서인지는 모르겠으나, 중소기업을 바라보는 매스컴의 시선이 그리 따뜻한 것같지만은 않을 때가 많아 힘이 빠진다.

한 예로 대기업이 부도나면 정부에서 자금을 투입해서 그 기업을 살리려 애쓴다. 그러나 중소기업이 부도나면 '저 놈들 저런 짓거리 했으니 부도났지 쯧쯧쯧…'하며 손가락질한다. 물론 문제가 있는 중소기업도 있긴 하다. 그러나 대다수 중소기업들은 진심으로 최선을 다해 묵묵히 노력하고 있다. 그럼에도 불구하고 제도의 모순이나 지원을 못 받아 힘들어할 때 도와주는 것이 국가가 할 일 아닐까?

얼마 전 교회에서 기독실업인회를 만든다기에 '선 기업성공, 후 기부'가 되도록 해야 기부문화가 정착될 것이라는 의견을 조심스럽게 낸 적이 있다. 정부에서도 먼저 중소기업이 잘 되도록 정책과 제도를 마련하고 적극 지원해보라. 내 경우 기업이 잘 되면 많은 사회 환원을 할 준비를 단단히 하고 있다. 준비가 아니라 당연한 의무라고 생각한다. 아마 많은 경영주들이 나와 같은 생각을 하고 있을 것이다.

중소기업을 20여 년 경영한 사람으로서, 감히 말한다.

중소기업이 살아야 우리나라도 잘 된다.

15

적임자가 있을 때
빨리 물러나는 게 상책

　주말 나의 일과는 손주들과 함께 노는 것이다. 아들 내외는 토요일이면 손주를 우리 집에 데려다주고 주말을 함께 지내게 해준다. 피치 못할 모임이 있으면 손주와 함께 나간다. 그러면 "어, 준회원 왔네?" 하며 맞아준다. 물론 아이들 보는 일이 쉽진 않으나, 그래도 손주들과 함께 주말을 보내면 한 주의 피곤함이 싹 풀어진다.

　지금 초등학교 4학년인 맏손자가 5~6살 때쯤, 이런 말을 해준 적이 있다.

　"너, 가우디란 사람 얘기 들어봤니? 스페인의 유명한 건축가인데 200년에 걸쳐 성당을 짓고 있어. 아직도 완성이 안됐대. 비비테크는 누가 설계했지? 200년 후면 비비테크는 6~7대 후손이 할 텐데, 종윤이 네가 세계적으로 유명한 비비테크 그룹으로 성장하도록 완성해줄래? 그러려면 책을 많이 읽어야 해."

케냐 바링고주 체르니주지사 방문시 비비테크에 대해 설명하는 아들 성진규 대표이사

그랬더니 고개를 끄덕였다.

흔히 은퇴는 또 다른 시작이라고 한다. 기력이 떨어지고 영업력이 떨어져 손을 놓는 게 아니라 또 다른 출발선상에서 더 크게 움직일 수 있는 기회라고 생각한다. 정점이라고 생각할 때 은퇴해서 또 다른 일을 눈

덩이처럼 키워 놓는 게 지금 단계에서 내가 해야 할 과제라고 본다. 그렇다고 서둘러서는 안 된다. 좀 늦더라도 출발할 때 제대로 가는 게 중요하다. 남들이 생각하지 않는 것, 미래에 반드시 이뤄져야 하는데 돈이 드는 일들을 나부터라도 실천해야겠다는 생각이 점점 강하게 든다.

경영승계도 마찬가지다. 적임자가 생겼을 때 빨리 물러나는 게 상책이다. 오늘날의 비비테크가 있기까지는 삼성 의존도도 있고 나의 역량도 작용했다. 그 동안 몇 번 전문 CEO를 영입해봤으나, 중소기업의 문화를 이해하고 성장시키는 쪽으로 이끌어 가면 좋은데, 대부분 개인의 이익을 위해 일했다. 그리고 어려운 일은 피하고 쉬운 건 자기가 생색내는 경우가 많았다.

대기업과 중소기업의 차이를 빨리 알아채서 '내 회사'란 주인의식을 가지고 일해야 하는데 아쉽게도 그런 CEO는 없었다.

미래전자 정문술 회장처럼 직원에게 사장을 맡겨보자는 생각도 했다. 삼성반도체에서 근무할 때 고3 실습생으로 왔다가 직원이 된 사람으로 나보다도 더 삶의 철학이 확고한 사람이었다. 우리 회사 창업멤버이기도 한 그 친구라면 대표 자리를 맡겨도 될 것 같았으나 전무 때 그만두어 이뤄지지는 않았다.

현재 비비테크 대표를 맡고 있는 아들 진규는 창업 당시 고등학생이었다. 한참 일손이 부족할 때는 친구들까지 데리고 오게 해서 아르바이트를 시켰다. 아들은 미국 뉴욕주립대학교를 졸업한 후 시카고대학교에서 통계학으로 석사학위를 받았다. 졸업 후 포스코에 들어가 6년간 인사파

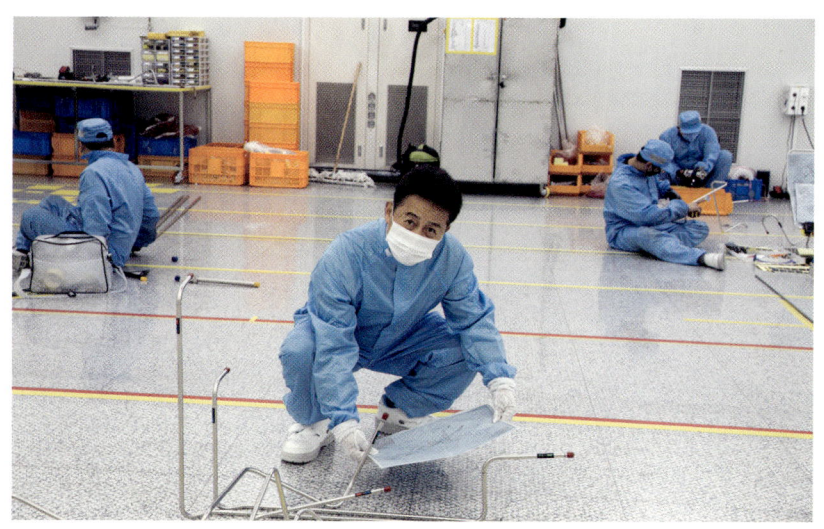

트에서 일하다가 나의 부름을 받고 우리 회사에 들어왔다.

어려서부터 아버지가 해온 것을 봐와서인지 따로 경영수업을 시키거나 특별히 가르치지 않았는데, 스스로 배우려 하고 판단하는 걸 보면서 경영을 맡겨도 괜찮겠다 싶었다. 그래도 몰라서 아들에 대한 평판을 들어보니 임원들의 생각도 나와 비슷해 적잖이 안심이 되었다. 더러 주위에서 너무 빠른 승계가 아니냐는 우려의 소리도 있었으나, 내 생각은 다르다. 적임자가 나타났을 때 빨리 물러나는 게 상책이다.

이제 회사를 은퇴하더라도 회사에 손이 필요하거나, 직원들과의 소통이 필요할 때 이어주는 역할, 시골 초등학교의 수위아저씨처럼 회사 곳곳을 살피는 역할을 할 수 있다면 아주 족하겠다.

제대로 성열學

― 다르게 생각하면 해답이 보인다

v.

이웃을 통해
세상을
바라보다

주변과 더 넓은 세상을 바라보게 된 데에는 아내의 영향이 컸다.
아내의 권유로 교회에 다니며 이웃과 함께 사는 삶을 생각하게 되었고, 차보용 목사를
만나며 봉사와 자라나는 세대의 교육이 중요함을 깨닫게 되었다.

#01
'혼자만 잘 살믄 무슨 재민겨'

'혼자만 잘 살믄 무슨 재민겨'란 책이 있었다. 그 책 제목처럼 나 혼자만 잘 살아선 안 된다는 생각을 늘 가지고 살았다. 직장 생활할 때는 동료들과 더불어 즐겁게 일하려 했으며, 회사를 차리고는 직원들과의 '상생(相生)'이 곧 회사의 발전이라는 생각에 직원들의 미래를 위한 교육과 복지에 남다른 신경을 썼다.

길을 지나다닐 때 내 어머니 같은 분이 좌판을 벌여 놓고 밭에서 따온 채소들을 파는 모습을 본다. 그러면 쭈그리고 앉아 이런저런 얘기를 나누며 팔고 있는 호박이며 상추들을 다 사가지고오곤 한다. 추운 겨울 붕어빵 파는 곳도 그냥 지나치지 않는다.

회사 차원의 사회공헌 활동을 위한 교육과 참여도 게을리 하지 않았다.

2008년 7월 3일에는 어린이재단 경기지역본부의 본부장을 초빙해 50여 명의 직원들에게 기부문화교육을 실시했다. 빈곤아동의 사례와 나눔

미담, 테레사 효과 등을 통해 기분 좋은 나눔 문화와 자녀의 이름으로 후원했을 때 얻어지는 교육효과 등을 설명했는데, 이날 교육을 받은 직원 중 28명이 선뜻 후원을 신청해, 내심 흐뭇했다.

또한 아주대학교 대학생 장학기금, 아경장학재단, 수원사랑장학기금 등 꾸준히 기부하고 있다.

나의 이런 경영철학이 틀리지 않았던지 회사는 안정궤도에 올랐고, 이런저런 상을 받음으로써 사회적으로도 인정받았다. 그리고 여러 단체의 장도 맡게 되었는데, 이때도 더불어 잘 살고, 더불어 행복해야 한다는 자세로 일했다.

초대 수원산업단지관리공단 이사장을 할 때는 단지 내 기업과 힘을 합쳐 지역주민들과의 소통에 주력했다. 그 중 공단이 속해있는 권선구에

서 운영하는 '참! 맛있는 행복밥차'에 공단 내 기업들이 적극 후원하도록 독려하고 우리 회사도 후원했다. 2016년의 경우 총 24회 운영됐는데, 우리 회사를 비롯한 8개 업체와 2개 단체가 후원했고 7개 단체가 봉사에 참여했다. 단순히 물질적인 후원에 그치지 않고 현장에 나가 저소득 어르신들에게 따뜻한 식사를 담아드리고 설거지를 하는 등 적극적으로 봉사했다. 어르신들이 맛있게 식사하시는 모습에 마음이 따뜻해지며 더 자주 봉사를 결심했다는 직원들의 소감을 들으며, 이웃의 정을 나누는 따뜻한 사회를 만들어가는 이 운동이 널리 퍼져나가는 것을 느낄 수 있었다.

평화통일자문회의 수원시협의회 회장을 맡았을 때에는 북한이탈주민들이 어떻게 하면 우리 사회에 잘 스며들어 함께 지낼 수 있을까를 고민하고, 도움을 필요로 할 때는 적극 손을 내밀었다.

주변과 더 넓은 세상을 바라보게 된 데에는 아내의 영향이 컸다. 아내의 권유로 교회에 다니며 이웃과 함께 사는 삶을 생각하게 되었고, 차보용 목사를 만나며 봉사와 자라나는 세대의 교육이 중요함을 깨닫게 되었다.

혼자만 잘 살면 무슨 재미가 있겠는가? 더불어 잘 살고, 더불어 행복해야 재미있지.

02
수원시생활체육회
제7대 회장에 취임

2011년 2월 수원시생활체육회 임시이사회 및 총회에서 제7대 회장에 선출되었다. 그 전까지는 수원시생활체육회 산하 모임인 수원시탁구연합회장을 맡아 회원을 2천여 명까지 늘리는 등 나름 재미있게 지내다 '체육시장'을 해달라는 제의를 받고 고민 끝에 생활체육회를 맡게 된 것이다.

어려서부터 모든 운동을 좋아했다. 특히 축구를 좋아했는데 군 시절 축구하다 다리를 다쳐 대신 탁구를 하게 됐다. 그러다보니 수원시탁구연합회장까지 맡게 되었는데, 명예보다는 봉사하는 마음으로 회장직을 해냈다.

특히 2010년 12월 11일부터 12일까지 수원 아주대 실내체육관에서 제1회 수원 홍재배 국민생활체육전국오픈탁구대회를 개최한 일이 기억에 남는다. 이러한 노력들이 인정되어 수원시생활체육회장을 맡게 된 것 같다.

수원 시민이면 누구나 편안하게 운동할 수 있게 하자는 생각에서 "행

복한 여가생활을 위한 필수조건이자 삶의 중요한 일부분으로 자리 잡은 생활체육의 활성화와 발전을 통해 지역, 계층, 세대간 화합을 증진시켜 건강하고 풍요로운 휴먼시티 수원시를 만들어가는 데 앞장서겠다"는 각오로 일했다.

우선 수원시의 생활체육 저변이 확대될 수 있도록 사무국과 종목별 연합회의 원활한 소통에 주력했다. 그리고 한국건강관리협회 경기도지부와 회원의 건강 증진을 위한 유기적 연대 확립과 상호 지역사회 발전의 공동 노력을 위한 업무협약을 체결했다. 한국건강관리협회로부터 건강생활 실천을 위한 프로그램을 협조 받았으며, 저렴한 비용의 품격 높은 검진 서비스를 제공 받기로 하는 협약이었다.

2011년 6월 11일부터 12일까지 이틀간 열린 제12회 수원시 생활체육대축전은 46개 종목의 생활체육 동호인들이 모두 한 자리에 모여 그동안 쌓은 기량을 확인하는 화합의 한마당이었다. 특히 체육회장이 되어 선포

한 '시민 1인 1종목 생활체육 활성화'를 확인할 수 있어 내심 보람을 느꼈던 행사였다.

생활체육회장으로서 또 하나 기억에 남는 일은 '프로야구 제10구단 수원 유치'를 이뤄낸 일이다. 2011년 8월 31일 이천종합운동장에서 열린 제22회 경기도생활체육대축전 성공다짐 어울림 한마당 체육대회에서 31개 시군 임직원과 경기도 종목별 연합회 직원들을 대상으로 서명운동을 벌였는데 모두 적극 서명하고 격려하며 제10구단을 반드시 유치하길 기원해 주었다.

결국 2013년 1월 '수원시-KT'(KT 위즈)가 프로야구 제10구단으로 결정됐고 2021년 11월 '1군 진입 7년 만에 한국시리즈 우승'이라는 위업을 달성할 수 있었다.

2011년 11월 15일에 열린 수원시 생활체육 동호인의 밤 행사에서도 뭔가 의미 있는 일을 해야겠다는 생각에 '사랑의 쌀 전달식' 순서를 넣었다. 생활체육회와 46개 종목별연합회, 기업은행이 함께 모은 10kg 쌀 694포를 관내 4개 구의 차상위계층과 한부모 가정에 나눠주도록 시장에게 전달했다.

또 2012년 설에는 백미 10kg 100포를 영통구 저소득 가정에 전달하는 등, 수원시생활체육회 회장으로서 더불어 사는 수원에 조금이라도 힘을 보태고자 하였다.

생활체육회장을 맡으며 요가 등 10개 종목 연합회가 새로 가입해 46개 종목으로 늘어났으며, 1,042개 클럽에 9만5천여 명의 회원이 활동하는 단체로 성장했다.

03

유소년 축구팀 비비글로벌FC

    수원시생활체육회장의 경험과, 회사 축구 동호회 활동, 2002년 월드컵 4강 신화로 일어난 축구 붐을 보며, 우리나라 축구 발전과 다문화 가정을 위해 수원시 유소년 축구선수를 육성해보자는 생각을 했다.

    2016년 골키퍼 이운재 선수가 우리 회사를 방문했다. 이 자리에서 유소년 축구 선수 육성에 대한 얘기를 나누면서 이운재글로벌FC 창단이 본격화 되었다.

    유소년 축구클럽으로 출발한 이운재글로벌FC는 일반 학생뿐 아니라 다문화·저소득·한부모가정 등 소외계층 학생들이 축구를 통해 꿈을 펼치게 하기 위해 이름을 비비글로벌FC로 바꾸고 2017년에는 유소년 선수들이 더 넓은 무대에서 뛸 수 있도록 U15(15세 이하 유소년) 엘리트 육성클럽으로 전환했다. 2019년에는 U12(12세 이하 유소년) 팀을 창단했으며 재활프로그램, 전용구장 등을 갖추면서 내실 있는 유소년 클럽이 되었다.

    U15팀은 2019~2020년 전국중등추계연맹전 16강 진출, 2020년 금강

비비글로벌FC 박한선 선수 프로축구단 입단식

대기 6강, 2021년 전국중등추계연맹전 8강, 2022년 대교눈높이축구리그 3위, 소년체전 선발전 16강 진출 등 계속 성장하고 있다. 2020년 42명(초등부 15명, 중등부 27명)이었던 선수단이 2021년에는 60명(초등부 30명, 중등부 30명), 2022년에는 75명(초등부 35명, 중등부 40명)으로 늘어났다. 또한 비비글로벌FC 창단 최초로 박한선 선수가 프로축구단인 부천FC U18에 입단하는 성과를 냈다.

비비글로벌FC 구단주로서 매년 말이면 유소년 선수들을 격려하고, 지원하는 후원의 밤 행사를 열고 있다.

2023년에도 하계 전국대회에 나가는 선수단을 위해 협력병원과 MOU를 체결했다. 이 자리에서 나는 '우승을 목표로 하지 말고 마음껏 즐기며 기량을 펼칠 것'을 주문했다. 유명한 선수가 되기보다는 박지성처럼 훌륭한 선수가 되길 바라고, 아이들이 축구로 인해 유익하고 행복했으면 좋겠다는 것이 변함없는 나의 생각이다.

●이웃을 통해 세상을 바라보다

04
월드베스트프렌드 회장

어느 날 웬 덩치 큰 사람이 우리 회사에 납품하러 왔다. 우리 직원이 "저 분이 목사님인데 회사를 운영하고 있다"고 귀띔했다.

목사가 사업을 한다? 처음에는 고개를 갸우뚱했는데, 사업하는 이유가 올바른 목회활동과 사회공헌활동을 위해서라는 얘기를 듣고 고개를 끄덕였다. 게다가 기업을 운영하는 사장으로서 직접 납품하러 왔다고 하니 뭔가 남다르다는 생각이 들었다.

그래서 차 한 잔 하게 되었는데, 너무 예의바르고 깍듯해서 심지어 내가 "평소처럼 편안하게 하세요"라고 할 정도였다. 그러나 곧 그의 언행이 진심에서 우러나오는 것임을 알게 되었고 그와의 마음의 거리도 100미터에서 10미터로, 1미터로, 지금은 가족같이 지낼 정도로 좁혀졌다.

차보용 목사도 삶의 우여곡절이 많았다. 유년 시절 어려웠던 가정형편을 이겨내고 지금의 사업체를 이룬 것을 보면 매우 대단하다는 생각이 든다. 그리고 사회의 더 어려운 사람들에게 눈을 돌려 봉사하는 그를 보며 사회 곳곳에 이런 분들이 더욱 많아져야 한다는 생각을 했다. 그리고 그가 하는 일은 무조건 도우리라 마음먹었다.

그렇게 인간적으로 가까워진 어느 날, 사무실로 찾아온 차 목사가 내게 명함을 내밀었다.

"월드베스트프렌드 회장 성열학"

내게 아무런 귀띔도 없이 명함을 만들어와 적잖이 당황했으나, 그의 진심을 알기에 기꺼이 맡기로 했다.

1992년 국내 소외지역과 소외계층을 위한 봉사활동과 중고컴퓨터 기부 등 나눔과 봉사를 위한 작은 모임으로 시작한 월드베스트프렌드는 2001년부터 해외로 눈을 돌려 저개발국 IT지원사업과 교육환경 개선사업, 빈민촌 무료급식사업, 국제 자원봉사자 양성을 통한 전문인력 지원 등의 봉사활동을 펼치고 있다.

몽골, 태국, 필리핀, 캄보디아, 멕시코, 아프리카 등 국내외에 2,000여 대의 중고 PC를 지원했으며 기술학교 설립과 전문가 양성교육 등을 해오고 있다.

케냐 바링고 주와는 KOICA 사업으로 연결되어, 중고 컴퓨터를 보내주고 컴퓨터 교육을 시키는 ICT센터도 설립해 운영했다. 그러던 중 케냐 바링고 주에서 한국에 유학 온 청년 엘리야스가 남해의 두미도에서 봉사활동 후 더위를 식히려 물로 뛰어들었다 사망하는 일이 일어났다.

1988년 케냐 바링고에서 태어난 칸고고 엘리야스 체롭은 월드베스트프렌드의 IT교육을 받고 '자신의 조국 케냐를 대한민국처럼 IT강국으로 만들

1. 2012년 케냐 모이 대통령에게 공로패 전달. 가운데 벤자민 주지사 2. 엘리야스 IT센터 개소식에 참석한 주 케냐 김찬우 대사, 벤자민 주지사 3. 2012년 케냐 대통령궁 방문 4. 케냐 바링고주 한국인의 날 행사에 참석 5. 2014년 엘리야스 ICT센터 개소식 및 교육현장 6. 2015년 바링고 주지사 초청 ODA사업현장 방문 7. 2023년 3월 수원에서 열린 케냐 바링고주 후원의 밤 행사 8. 2023년 경기도 기업들을 방문한 바링고주 시찰단

겠다'는 목표를 갖게 되었다. 엘리야스는 고등학교를 마친 후 2007년 한국에 유학, 강남대 컴퓨터학과에 입학했다. 힘든 유학생활 중에도 장애인과 다문화가정, 탄광촌 어린이 등 소외계층에게 영어와 컴퓨터를 가르치는 봉사활동을 하며 어린이들이 먹고 살기 위해 돌을 캐야 하는 고향의 현실을 바꾸겠다는 꿈을 키워갔다. 졸업을 앞두고 LG전자에 취업, 케냐 지사에서 IT환경 개선업무를 맡게 되었다. 고향으로 돌아갈 날을 일주일 앞두고 엘리야스는 통영 앞바다 두미도로 가는 월드베스트프렌드의 봉사활동에 따라나섰다. 그곳 독거 어르신들의 집 도배 봉사를 마치고 다른 봉사자들과 함께 무더위를 식히려 바다에 뛰어들었다가 그만 참변을 당한 것이다.

봉사단을 이끈 차 목사는 엘리야스 집에 연락하고 통영과 수원에서 장례를 치르고 엘리야스의 시신을 그의 고향으로 운구했다. 비참하고 두려운 마음으로 바링고 주 엘리야스의 마을에 이르렀을 때 마을 주민들이 모두 나와 노래로 엘리야스의 주검을 맞아주었다. 아들을 잃은 슬픔을 오히려 감사로 승화시키는 엘리야스의 부모를 보며 차보용 목사는 그의 못다 핀 꿈을 피우기 위해 케냐에 IT센터 건립을 추진했다. 나도 기꺼이 참여했다.

2013년 12월 2일에는 바링고주 카바넷 도지사와 에밀리 제비 케냐 교육부장관을 초청해 IT센터 건립을 위한 업무협약을 체결했다. 업무협약을 통해 케냐 바링고 카바넷 지역의 빈곤문제와 교육환경 개선, 지역사회 발전을 위한 IT센터 설립에 적극 협력하기로 했다.

2014년 1월 IT센터가 준공되어 차보용 목사와 함께 케냐를 방문했다. 그리고 500대의 컴퓨터를 지원해 매년 3,000명의 학생과 200명의 공무원 연수가 가능하도록 했다. 현재까지 월드베스트프렌드를 통해 119개 학교에 5,700여 대의 컴퓨터를 보냈으며, 월드베스트프렌드 ICT센터를 건립했다. 또한 월드베스트프렌드는 케냐에서 제2의 빌 게이츠, 스티브 잡스를 배출하는 이노베이션 센터 건립을 앞두고 있다.

우리나라에서도 유명한 케냐 커피의 주 생산지가 바링고주이다. 고산지대에 일교차가 커서 커피 재배에 아주 적격인 곳인데, 한번은 갔더니 커피나무를 다 뽑아버리고 다른 작물을 심고 있었다. 이유를 물어보니 일 년 내내 심혈을 기울여 커피농사를 지어도 중간 유통업자가 헐값에 수매를 해 차라리 안 짓느니만 못하다는 것이었다. 그 자리에서 시중가보다 2~3배 더 주고 커피를 샀다. 계속 커피 수매를 하기 위해 커피나무를 사서 심게 했다. 2020년에는 커피 펄핑 머신 100대를 기증하는 등 바링고 지역 주민들에게 ICT를 통한 고품질 커피재배기술을 전수하고 커피밀 공장을 설립케 하여 소득수준을 현실화시켰다.

IT 기술 교육으로 시작된 바링고주와의 인연은 커피농사 지원과 무역, 경제협력, 보건의료협력으로까지 발전했다.

2023년 3월 11일부터 18일까지 벤자민 체시레 체보이 바링고 주지사 등 8명의 방문단을 한국에 초청했다. 삼성전자, 기아자동차, 아모레퍼시픽 등 경기도 내 기업을 방문해 한국의 발전된 기술을 견학하고 케냐와 연결점을 모색케 했고 경기도와 경기도 의회를 방문해서는 의료인과 의료정보 및 장비교류를 확대하는 업무협약 체결 등 보건의료협력을 강화하기로 했다.

05
김진표 의원과의 만남

나는 30대 후반에 기독교 신앙을 가지게 되었는데 이때 인생 한번 제대로 살아보자는 생각을 하게 되었다. 그렇다고 출세나 군림, 권력을 갖겠다는 뜻은 아니었다.

당시 오산의 고층아파트에 살았는데, 어느 날 아파트 창문으로 보이는 바깥 풍경을 감상하며 문득 '덧없이 살기보다는 이 아름다운 오산시를 위해 일을 해봐야겠다'는 생각이 들었다. 그날 밤, 잠을 설쳐가며 오산시를 위해 봉사할 계획을 세웠다. 무려 8년 계획을 잡아 처음 4년간은 오산 시장 기사로 들어가 일을 배우고 다음 4년은 나의 뜻을 펼쳐보리라… 상상 속에서 나는 이미 오산 시장이 돼있었다.

다음날 다시 현실로 돌아와 회사에 열심히 다녔지만 말이다. 어느 날 점심때 회사 직원이 수원에 갈 일이 있다며 함께 가자고 했다. 수원에 아파트를 구하러 온 그 직원을 따라나섰다가 나도 그길로 아파트를 계약해서 수원으로 이사했다. 그것으로 오산시장의 꿈(?)도 머릿속에서 사라졌다.

　기업을 하다 보면 자의반 타의반 정치권과 접촉할 기회가 생긴다. 솔직히 몇 번 제의를 받기도 했다. 그러나 내가 아는 건 반도체와 경영뿐이다. 송충이는 솔잎만 먹어야 한다는 생각에 극구 사양했다.

　그런데 수원중학교 선배인 김진표 현 국회의장으로부터 어느 날 연락을 받았다. 수원중을 나와 서울로 유학, 경복고와 서울대 법대를 졸업하고 행정고시에 합격해 줄곧 재정경제부 관료를 지내다 경제부총리, 교육부총리, 장·차관을 5번이나 역임한 김진표 의장은 2004년 17대 총선부터 현재 21대까지 내리 5선의 관록을 자랑하며 21대 후반기 국회의장을 하고 있다.

　내가 김진표 의원의 연락을 받은 것은 17대 총선 때였다. 평소 경제 관료로서 그의 업적과 행보를 보면서 공감하는 바가 컸고, 인간적으로도

1. 더불어민주당 수원 무지역위원회 자문위원회 2. 김진표 의원 재선 당선 축하 3. 비비테크 본사 기공식에서 축사하는 김진표 의장

존경하던 차에 연결이 되어 묵묵히 지원군 노릇을 하겠다고 했다. 정치할 생각도 없거니와 어떤 대가를 바라고 서포트한 게 아니었기에 선거가 끝나면 바로 내 자리로 돌아와 사업에 몰두했다.

김진표 의원은 4선 도전시 나에게 선대위원장을 맡아달라고 했으나, 이름만 걸어 놓고 뒤에서 도왔다. 5선 때에는 4선 때 돕지 못한 것이 마음에 걸려 단독 선대위원장을 맡아 나름 재미있게 선거운동을 했다. 명예와 상징적인 선대위원장이 아니라 선거캠프에 모인 사람들과 어깨동무하고 함께 활동하는 전략으로 나갔다. 운동원들에게 부부동반으로 참여케 했고 밥값도 각자 내게 하는 등 그야말로 진정한 서포터즈가 되어 김진표 의원의 당선을 도왔다.

2022년 11월 말에는 김진표 의원의 지역구인 더불어민주당 수원 무지역위원회 자문위원회가 출범했는데, 영광스럽게도 나를 자문위원장으로

추대했다. 기존의 지역위원회 당 조직인 고문단과 협의회장단, 각급 위원장단과 함께 새로운 당 조직으로써 김진표 의장의 뜻을 이어받아 전국에서 최고의 지역위원회가 되도록 노력하고 있다.

또한 이재준 수원특례시장 당선시 인수위원장에 위촉되었을 때, 당시 국회의장에 내정돼 있던 김진표 의원도 참석하셔서 "김대중 대통령님이 늘 정치하는 사람들께 강조하시는 말씀이 '선비의 문제의식과 상인의 현실 감각을 두루 갖춰야 한다'고 하셨는데, 그런 감각을 잘 갖춘 분이 성열학 위원장이라 생각하며 인수위를 잘 이끌어 주시리라 생각한다"고 덕담을 해주시며 힘을 실어주었다.

비비테크 창립기념식에 참석한 김진표 의장(왼쪽)

06

제18기 민주평화통일자문회의
수원시협의회 회장

2017년 9월 1일부터 2019년 8월 31일까지 2년간 제18기 민주평화통일자문회의 자문위원으로 활동했다. 대통령 직속 헌법자문기구인 민주평화통일자문회의는 국내외에서 민주적 평화통일을 지향하는 각계각층 인사 중 2만여 명에게 위촉하여 구성된다. 나도 민주평통 수원시협의회 회장에 임명되어 2년간 봉사했다.

제18기의 활동목표는 '평화와 번영의 한반도 기반 조성'으로 이를 실현하기 위해 '국민 속으로, 국민과 더불어, 국민과 하나 되어'라는 기치 아래 한반도 평화 기반 구축활동을 전개했다.

수원시협의회장으로서 나는 과거 세대와 미래 세대가 함께 평화통일을 위해 할 수 있는 길을 모색하고 추진했다.

북한이탈주민 통일 한마음 체육대회, 함께해서 즐거운 북한이탈주민 주말 문화체험, 북한이탈주민 합동 망향제, 이탈주민 물품 기증식 등 북한이탈주민을 위한 행사를 실시했고, 청소년을 대상으로 하는 평화통일 무궁화놀이, 중고생과 함께하는 통일강연회, 2018 민주평통 고등학생 통일 골든벨 경기도 대회, 평화통일 학생미술대회, 나라사랑 역사현장 체험 등을 펼쳤다.

또 환경정화운동, 10.4 남북정상선언 10주년 기념 평화 공감 특별강연회, 광복 73주년 기념 통일강연회, 경기지역 통일문제 공론화 토론회, 통일시대 시민교실, 평택 2함대 을지문덕함 위문, 주기적인 통일의견 수렴 등을 통해 통일을 염원하는 수원시민의 마음을 표현했다.

●이웃을 통해 세상을 바라보다

특히 위험을 무릅쓰고 자유를 찾아 온 북한이탈주민들이 우리나라에 잘 정착할 수 있도록 그들이 필요로 하는 실질적인 도움을 주려 최대한 노력했다. 그때 알게 된 북한이탈주민과는 지금도 연락하고 있다.

2018년에는 우만동 동수원감리교회와 함께 6.10민주항쟁 31주년 기념식을 개최하고 '6.10민주항쟁 정신을 거울 삼아 민족평화통일을 이루는 데 앞장설 것'을 다짐했다.

2019년에는 3.1운동 100주년을 맞아 3.1운동의 3대 성지(서울 탑골공원, 천안 아우내장터, 수원군) 중 하나인 수원 3.1운동 기념행사를 시민문화제로 성대히 치렀다.

07

민선8기 수원특례시장
인수위원장

2022년 6월 1일 8회 지방선거에서 수원특례시장으로 당선된 이재준 시장을 도와 민선8기 수원특례시장 인수위원회를 이끌게 되었다.

사실 그동안 몇 차례 정치권의 부름이 있었으나 '송충이는 솔잎만 먹어야 한다'는 생각에 응하지 않았다. 그런데 이재준 시장의 1호 공약이 '대기업 및 첨단기업 30개 유치'였고, 향후 4년간 시정 목표 역시 '경제'인 것을 보고 수원시 발전을 위해 이번에는 참여하기로 마음먹었다.

평소 내가 가지고 있는 '고객만족이 아니라 고객이 기절할 정도로 좋은 제품, 좋은 서비스를 제공해야 한다'는 철학과 이재준 시장의 철학이 일맥상통한 것도 나를 움직였다.

인수위원장으로서 내가 가장 강조한 것은 '기업하기 좋은 도시로 만들자'였다. 수원에 있는 기업들이 성장할 수 있도록 지원책을 강화하면 자연스럽게 외부 기업도 수원을 찾아올 것이기 때문이다. 이재준 시장이 도시계획 전문가여서 더욱 확신이 섰다. 수원시는 문화와 예술, 교육적인 인프라가 갖춰져 있으므로, 이재준 시장이 도시계획을 충분히 활용해 기업이 올 수 있는 부지를 마련하고 직접 홍보대사가 된다면 충분히 공약을 달성할 수 있겠다고 보았다.

그리고 침체된 경제를 되살리기 위해 골목상권뿐 아니라 소상공인, 중소기업이 모두 성장할 수 있는 구조를 만들어 '경제'와 '고용' 두 마리 토끼를 다 잡아야했는데, 이 일도 수원시가 하면 다르다는 평가를 받을 수 있게 밑그림을 그리는 작업을 했다. 예를 들어 관내 기업이 바이어를 만나거나 계약을 맺을 때 시장도 함께 한다면 그 신뢰도는 훨씬 높아질 것이다. '내 옆집이 잘되면 나도 잘 된다'는 생각으로 기업이 다 함께 잘되는 수원을 만들어낼 것이라 확신했고 현재 그 확신을 굳혀가는 중이다.

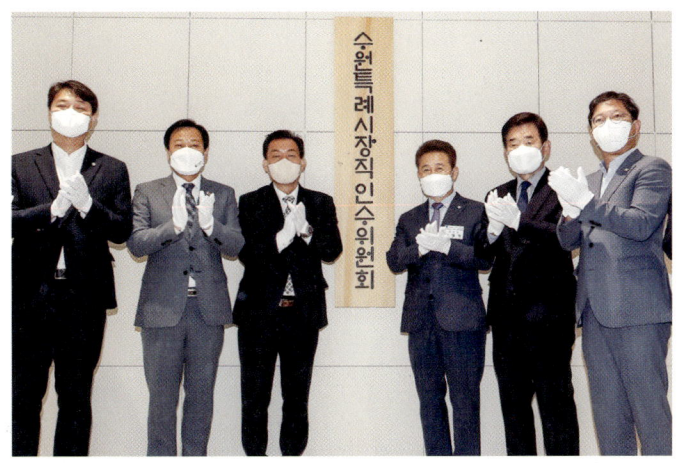

인수위 현판식에 참석한 당선자 이재준 시장(왼쪽 세 번째), 김진표 국회의장(오른쪽 두 번째), 김승원 국회의원(맨 오른쪽), 장현국 도의회의장(왼쪽 두 번째), 조석환 전 수원시 의회의장(맨 왼쪽)

제대로 성
열學

― 다르게 생각하면 해답이 보인다

VI.

성열학을 말하다

나와 친구들은 확신한다. 성 회장이 정계에 진출하면 그는 아마도 직을 걸고 사람들이 필요로 하는 제도를 만들 것이다. 자신의 일에 손해가 와도 사람들의 편의와 안전한 삶을 위해 일할 것이란 확신이 110%이다.

1. 초·중·고 동창이 본 성열학

그의 선함의 가치가 세상을 환히 비추길…

권영주 | 건축사, 국토건설 대표이사 |

　성열학 회장과는 12년간 같은 초·중·고를 다녔고 현재도 가족들과 함께 삶의 가치를 공유하는 친구이다. 대학 진학 후 20여 년간 각자의 길을 걷다가 동창회를 계기로 다시 만난 우리는 이내 한 곳을 바라보는 사이가 됐으니 인연도 보통 인연이 아니다. 그동안은 친구들로부터 근황을 전해 듣고만 있다가 동창회에서 다시 만나 여러 활동을 함께 해보고, 마음을 던져보니 용광로 같은 따뜻함이 내게 돌아왔다.
　대개 학창시절을 지나 사회생활 이후 만난 친구들은 세월의 흔적 외에는 대부분 같은 모습으로 변해있는 방면, 성 회장은 자기만의 독특한 색

깔로 마음과 생각의 옷을 입고 있었다.

건축가로써 수많은 아파트와 건축물들을 지어온 나는 직업 특성상 사람을 볼 때도 마음의 모양과 생각의 색채를 가늠해 본다. 늘 '왜?'를 던지는 습관에 따라 알게 된 성 회장은 선함의 가치가 남다르다. 누군가에게 보이고자 기부활동을 하는 이들이 대부분인 반면 성 회장은 어려운 사람을 보면 마음이 아파지고, 기분 좋은 사람을 만나면 좋아서 함께 웃는다.

자신의 회사 직원 중 노력하는 인재가 있다면 눈여겨보면서 말없이 밀어주고 적당한 시기가 되면 창업을 도와주기도 한다. 그렇게 창업을 해서 독립한 직원들이 이제는 성 회장님의 회사와 함께 기업인으로써 대한민국 산업의 중원을 책임지고 있다. 꼭 기계와 공학 분야만이 아니다.

성 회장이 돕고 있는 케냐의 바링고 주에서는 당시 커피농장을 갈아엎고 커피에 비해 소득이 아주 적은 농작물을 심고 있었다. 이유는 커피 유통업자들이 모든 이익을 챙겨가서 아무리 커피 농사를 잘 지어도 손에 쥐는 게 거의 없었기 때문이었다. 당시 1kg 원두 가격이 시장에서 8,000~9,000원인데 현지에서는 400원에 사갔다. 지독한 노동착취였다.

바링고 지역은 해발 1,800~2,000m로 낮과 밤의 큰 일교차로 인해 커피 맛이 일품이다. 바링고 커피는 병충해에도 강하며 100% 유기농으로 생산되는 세계 최고 수준이다.

이런 현지 상황을 접한 성 회장은 커피 수매 가격을 8,000~9,000원으로 해 주기로 하고 지역민들을 격려하며 다시 커피콩을 심게 했다. 한국에 판매처를 아직 구하지도 못한 상태에서 내린 결정이었다. 이후 자신의 회사에서 근무하는 한 직원에게 바링고 커피를 공급 판매하는 회사를 차릴 것을 제안하며 필요한 도움을 주었다. 현재 그 직원은 우량한 커피 회사 대표로 사업을 확장하고 있다.

성 회장은 사람들과 대화 할 때, 먼저 마음을 열고 마음의 소리를 듣는다. 상대의 성향과 기질을 파악하여 진정한 의미의 도움으로 사람들의 삶을 조율한다. 그는 어떤 일의 성취 주체가 꼭 나와 내 가족이어야만 한다고 생각하지 않는다. 그 일에 맞는 사람이 있다면 그가 해야 한다는 생각이다. 사람은 각자 자신의 크기가 있고 그것에 맞는 일을 한다면 삶의 만족도와 기쁨이 주변을 맴돈다.

이런 기업인의 자세는 저절로 만들어지지 않는다. 어린 시절 부모님의 역할과 현재 가족의 상황 특히 아내의 역할이 중요하다. 성 회장이 있는 곳엔 꼭, 아내가 함께한다. 우리 세대 보통 한국 남자들은 여전히 '남자가 하는 일에 여자가 무슨…'이란 가부장적 사고에 사로잡혀 있는 경우가 많다. 반드시 해야 하는 경우 아니면 동부인하는 일이 별로 없는데, 성 회장은 늘 부인과 함께 한다. 흔히 악화는 양화를 구축한다고 하는데, 성 회장은 그 반대의 영향을 주변에 끼치고 있다. 그의 선한 영향력으로 많은 기업인과 친구들이 성 회장과 만날 때는 부인을 동반한다. 예나 지금이나 가화만사성(家和萬事成)은 진리이다.

현재 성 회장은 아들에게 대표직을 물려주고 한발 물러서 있다. 아들이 아닌 직원으로서 그동안 지켜본 결과 자신이 기반을 닦아놓은 회사를 한 차원 높이는데 큰 무리가 없을 것이라는 판단이 섰기 때문일 것이다.

성 회장 아들은 미국 시카고대학을 졸업하고 포스코에 들어가 6년간 인사업무를 익힌 후 아버지 회사에서 근무하고 있다.

그가 잘할 것이라고 확신하는 데는 내 나름의 이유가 있다. 어릴 적부터 예의범절과 친절이 몸에 배어있고 겸손하기까지 해 정말 요즘 사람 같지 않다. 처음 보는 사람일지라도 절대 건성건성 대하지 않는다.

얼마 전부터 내가 다니는 회사에서 비비테크의 일을 맡아 하고 있어서 가끔 회사를 방문할 일이 있다. 나는 친구의 아들이라도 내가 거래하는 회사의 대표이므로 깍듯이 대해야 한다고 생각한다. 그래서 담당자만 만나 일만 보고 돌아오곤 하는데, 어떻게 알고는 꼭 밖에까지 뛰어나와 인사를 한다.

세상이 변하고 세태가 변했지만 성공 방정식은 그대로다. 기계도 사람이 다루고 사람도 사람을 만나서 성장한다. 소중히 다루어진 기계는 주인 닮은 좋은 제품을 생산하고, 친절한 사람을 만난 사람은 자부심으로 든든히 사회를 견인한다. 비비테크의 미래는 바로 구성원간의 선한 소통이 답이다.

성 회장에게도 물론 단점이 있다. 그것은 성 회장만의 선함의 기준(?)이다. 친구들과 일을 하다보면 의견들이 갈릴 때가 있는데 성 회장은 친구들의 의견에 반대하는 경우가 거의 없다. 그의 선한 영향력이 어느 때는 선함에 갇힌 답답함으로 느껴질 때가 있다. 그런 일이 있을 때, 왜 자신의 의견과 다른 의견을 따라서 시간을 낭비 하냐는 물음에 그는 알 듯 모를 듯한 웃음으로 답변을 대신한다.

그런데 신기한 것은 시간이 지나면 다른 의견들이 닦여져서 원래 성 회장의 의견으로 편입되고 속도를 내는 것이다. 그가 의도한 많은 일들이 결과를 내는 것을 보며 성 회장의 단점같이 보였던 선함의 기준이 발휘하는 힘의 위력을 확인하곤 한다.

그는 늘 궁리하며 그 궁리를 일이 되게 하고, 그것이 시스템으로 자리 잡게 한다.

중소기업으로써는 엄두도 못 낼 사원복지도 남들보다 한 발 앞서 기획하고 실천한다. 대기업에서나 있을 법한 연수원을 만들고 그 연수원을 직원들과 그 가족들을 위한 쉼터로 개방하는 것을 보며 당시엔 좀 과한 것이 아닌가 하는 생각이었다. 그러나 시간이 지나 생각해 보니 그의 생각이 옳았다. 내 주머니가 생각보다 무거울 때 그 주머니를 과감히 남을 위해 던지면 가늠할 수 없을 만큼 큰 자루로 커진다는 것을 그는 이미 알고 있었던 듯하다.

세상에서 가장 작은 겨자씨의 기적을 그는 지금도 사람들의 마음에 심고 있다. 친구들은 그런 성 회장을 '중소기업의 친구'라고 부른다.

그런 와중에 수원시생활체육회 회장, 민주평화통일자문회의 수원시협의회 회장, 각종 단체장, 인수위원장 등을 등 떠밀려 수행했다. 그리고 여러 가지 직들을 마칠 때, 그는 '떠날 때는 말없이' 라는 노래 제목처럼 조용히 내려놓고 나왔다. 그 직을 성공의 사다리로 삼지 않았다. 그가 거처간 곳엔 나름의 결과들이 남아있고, 그 결과는 씨앗이 되어 자라고 있다.

그런 그를 보며 정치엔 도무지 관심이 없는 나는 그가 정계로 나가면 좋겠다는 다소 이기적인 생각을 하게 되었다. 성 회장의 영향을 받아서 일까? 그 생각이 마음에 생겨나자 그를 꼭 정치무대로 보내야겠다는 생각이 점점 더 간절해졌다. 나와 친구들이 그런 얘기를 하면 성 회장은 예의 미소로 아니라고 했다. 부인과 가족도 고개를 저었다. 그럼에도 불구하고 나와 친구들은 확신한다. 성 회장이 정계에 진출하면 그는 아마도 직을 걸고 사람들이 필요로 하는 제도를 만들 것이다. 자신의 일에 손해가 와도 사람들의 편의와 안전한 삶을 위해 일할 것이란 확신이 110%이다.

책 보따리를 등에 메고 함께 들길을 걷던 열학, 빡빡머리 흔들며 환하게 웃던 열학은 변하지 않았다.

그의 선함의 가치가 점점 더 드러나 세상을 환하게 비추길 많은 친구들이 바라고 있다. 성 회장이 어떻게 '함께'라는 가치를 마음에 입게 되었는지 나는 잘 모른다. 하지만 자신이 할 수 있는 일의 크기만큼 '함께'라는 가치를 실천하는 그를 보며 나는 미소를 지을 뿐이다.

이렇게 좋은 친구를 오랫동안 만날 수 있는 나는 분명 행복한 사람이다. 항상 행동으로 가르쳐주고 따뜻한 미소로 행복을 주는 성열학 회장에게 친구로서 항상 감사한다.

친구야! 열학아! 오늘을 함께하고 내일을 보여줘서 정말 고맙다.

2. 직장 동료가 본 성열학

내가 재기할 수 있도록
묻지도 따지지도 않고 도움 준 친구

김범수 | 머니컴퍼니테크(주) 대표이사 |

 직장동료로 만난 성열학 회장은 조용히 많은 동료들에게 웃음을 주며 항상 기쁨을 달고 다니는 사람이었다.
 그는 일할 때도 웃고, 일이 잘 풀리지 않아도 웃고, 그 일이 잘 풀리면 더 웃었다. 끝내 풀리지 않을지라도 매듭을 푸는 과정에서 웃었다.
 직장 생활을 하다보면 동료나, 위아래 직원들과의 관계에서 많은 일들이 일어난다. 그런 일들의 배경에는 일을 즐기지 않는 사람들의 자기 욕심이 원인인 경우가 많다. 그런 사람들 속에서 그는 표내지 않고 웃음으로 그들과 좋은 관계를 이어갔다.

성 회장은 일개 사원으로 일을 할 때도 자신이 그 부서의 사장이라는 생각으로 일했으며 동료들에게도 그런 마음가짐으로 일하도록 늘 격려했다.

그는 매일 출근하면 어제의 일과 연계된 일이라도 오늘 새로이 주어진 것처럼 일을 했다. 대기업 특성상 여러 부서가 나누어서 일을 하는데, 이때 각자 맡겨진 자기 업무만을 생각하며 기계처럼 일을 한다. 남의 부서가 무슨 일을 하고 어떻게 돌아가든 나와는 상관이 없으니 그저 자신에게 맡겨진 일만 한다.

그런데 성 회장은 자신의 일과 타 부서 간에 생길 수 있는 괴리들을 늘 염두에 두고 일을 했다. 즉 각각의 부서를 하나의 작은 회사로 보고 다른 부서와의 관계를 회사 대 회사의 입장으로 생각하며 협력해나갔다. 또한 결과로 발생할 수 있는 많은 일들을 미리 예견하며 업무효율과 비용절감을 위한 방법을 생각해내고 우리에게도 실행하도록 독려하곤 했다. 마치 회사의 주인인 양 누가 시키지도 않았는데 그는 늘 회사 입장에서 일을 해냈다. 그렇다고 그런 결과들에 생색내는 일은 전혀 없었다. 그 자체를 즐겼다.

그러다 보니 자연스럽게 타 부서와 따뜻한 소통이 이뤄졌고 문제가 발생하면 그는 말없이 문제들을 해결해 나갔다.

특히 회사를 떠나겠다는 직원, 일이 힘들어서 고민하는 직원, 적성타령을 하며 회사를 그만 두겠다는 직원들과 상담을 자처하며 고민을 들어주고 소통하면서 해결방법을 함께 찾아냈고 그만큼 우리 부서의 역량도 키워졌다.

직원들의 경조사는 반드시 챙겼으며 애사엔 더욱 적극적으로 참여해 기쁨과 아픔을 함께 나누었다.

나와 성 회장은 85년 2월 공무과 동료로 처음 만났다. 성 회장은 부서의 기계 쪽을, 나는 배관 쪽에서 일했다. 성 회장은 늘 조용했으며 얼굴이 마주치면 그저 따뜻한 미소로 나와 소통했다. 매일 보는 사이이니 무덤덤하게 대할 만도 한데, 그는 항상 미소를 머금었고 늘 내게 필요한 무언가를 주었다. 언제나 내게 도움이 되는 일들만 해주었다. 나는 늘 받기만 한 것 같다.

시간이 지나며 우리의 우정은 두터워졌고 서로의 집에도 오가며 기쁨과 슬픔을 함께 하는 찐한 사이가 되었다.

그러던 중 나는 12년을 근무하고 퇴사를 했다. 처음에는 삼성 협력회사로 일했으나 계속 이어지지는 않았다. 다시 새 회사를 차렸으나 그것도 녹록치 않았다. 그렇게 회사를 말아먹고 수년의 시간이 지나갔다.

성 회장도 2004년 퇴사를 하고 사업을 시작했다. 그의 사업은 초기에 어려움도 있었지만 차근차근 자리를 잡아갔다.

그러던 어느 날 그가 다리를 수술하기 위해 병원에 입원했다는 소식을 듣고 병원에 찾아갔다. 이런저런 얘기 끝에 사업 자금이 좀 필요한데 은행은 한도가 걸리고 사채를 쓰자니 이자가 높아서 걱정이라는 나의 고민까지 꺼내게 되었다. 병문안 가서 내 고민을 털어놓다니!

아무 말 없이 듣고만 있던 성 회장이 그날 저녁 자기 집에 들르라고 했다. 나중에 알고 보니 퇴원하려면 며칠 더 있어야 했는데도 나를 위하여 퇴원을 앞당긴 것이었다. 그날 저녁 성 회장 집으로 갔다. 차 한 잔 마시고 나오려는데 그가 내게 봉투 하나를 내밀었다. 거금이 든 봉투를 주며 그는 또 웃었다. 나는 그저 친구의 손을 덥석 잡고 눈물만 흘릴 뿐이었다.

사실 그 돈이 없었으면 나는 아마 영영 재기하지 못했을 것이다. 그만큼 절실했고 소중한 돈이었다. 집에 돌아온 나는 아내에게 무릎에 좋은 도가니탕을 정성껏 끓여달라고 해서 한 들통 가져다주었다. 그것 외엔 달리 고마움을 표시할 능력이 없었다.

그렇게 성 회장의 도움으로 나는 다시 일어설 수 있었고, 몇 년에 걸쳐 그 돈을 갚을 수 있었다. 친구야 이자는 평생 내 마음으로 갚으마.

나는 지금도 성 회장의 그늘에서 서성인다. 그가 조금이라도 어려움에 빠지면 안 되기에 나는 오늘도 그를 위해 기도한다.

일생을 살아가는 동안 친구 셋을 얻으면 성공한 것이라는데, 나는 열학 친구 한 명만으로도 성공했다고 스스로 자부한다. 언젠가 학생들 앞에서 강의할 기회가 있었는데 그때 아이들에게 이렇게 말했다.

"여러분은 친구를 위해 죽음도 불사할 정도로 친한 친구가 있느냐? 나는 있다. 바로 '성열학'이란 친구가 있다."고.

모두가 어려웠던 시기엔 웃음으로 위로해주고, 내가 어려움에 빠졌을 때 그는 자신을 희생해 나를 도왔다. 표현을 못해 늘 마음속으로만 고마워했는데, 지면을 빌어 이제야 감사를 전한다. 그리고 오랜 세월이 지나도 언제나 한 곳에 서있는 그를 바라볼 수 있으면 좋겠다.

친구 열학! 사랑한다.

3. 직장 후배가 본 성열학

자존감은 스스로 인정할 때
남도 인정함을 가르쳐 준 'First Mover'

강종훈 | 삼성반도체 화성사업장 프로 |

1.First Mover(넥타이 혁명)

성열학 회장님은 2000년 초에 우리 UTILITY그룹 파트장으로 신임 부임했는데, 전혀 예상치 못한 부임이었다. 현장 실무 경험이 부족하여 모든 조직원들이 우려가 많았다. 파트장으로 부임하자마자 "우리는 기술 엔지니어로서 자존심을 갖고 업무를 당당히 하자"고 했다.

그 첫 번째 변화가 넥타이 착용이었다. 그땐 충격 그 자체였다. 엔지니어의 자존심과 넥타이가 무슨 관계가 있는가? 엄청난 불만이 터져 나왔다. 나도 넥타이 3개와 와이셔츠를 샀다. UTILITY 업무 자체가 옷이 지저분하기 일쑤였는데 넥타이라니… 지나갈 때마다 타 부서에서 놀리기 시작했다. 처음엔 너무 부끄러웠지만 파트장님 생각은 완강했다. 그럴수록 더욱 의지를 불태우며 우리의 자존감은 우리가 인정할 때 주변도 변하는 것이라고 다독였다.

우리가 서서히 자존감을 갖고 당당히 업무에 임하게 되면서 시공 불합리는 줄어들고 시공 퀄리티는 올라갔다. 의뢰부서에서도 칭찬이 자자했다. 비아냥대던 타 부서 사람들도 인정하기 시작했고 부러워하기까지 했.

미국의 줄리아니 뉴욕 시장은 제일 먼저 낙서를 지우는 일을 했는데 도시에 낙서가 사라지면서 범죄도 줄어드는 깨진 유리창의 법칙을 적용한 것처럼 성 파트장님의 넥타이 착용 시행은 우리의 마음가짐을 바꿔놓는 '넥타이 혁명'이었으며, 삼성반도체 본부 인프라의 퍼스트 무버(First Mover)였던 것이다.

2. 노블리스 오블리제

어느 날 RS동 환경안전그룹장이 우리 부서의 한 직원에게 다짜고짜 사무실로 오라고 했다. 영문도 모른 채 가보니 중요한 분석설비에 물이 흘러들어와 설비가 멈췄으니 책임지라고 했다. 우리가 그 설비 상부 층에서 작업했다는 이유였다. 일단 너무 걱정이 되고 두려운 마음으로 사무실로 돌아왔는데, 파트장님이 우리 얼굴을 보더니 무슨 일이 있는지 얘기하라고 하셨다.

상황설명을 했더니 우리가 정말로 그랬는지 재차 확인하고는 (우리의 잘못이) 아니란 걸 확신한 파트장님이 그쪽 회의실로 당장 찾아갔다. 파트장님은 "이유 불문하고 이 부하사원이 사고를 쳤다면 내가 책임지고 퇴사하겠다. 나는 이 친구들 상사이며 선배이고 책임자이니 모든 책임을 내가 지겠다. 만약 아니면 환경안전그룹장님은 이 친구들한테 환경상을 시상해야 한다."고 하셨다. 부하직원들의 잘못도 본인이 책임지겠다고 하는 당당한 모습이 너무 존경스러웠다.

이후 우리는 선배님을 믿고 따르며 더욱 더 충실하게 업무를 수행했다. 자그마한 체구인데 기백은 이순신 장군처럼 멋있었다.

4. 임원이 본 성열학

직원들의 능력과 잠재력 파악의 귀재

김인수 | (주)비비테크 상무이사 |

10여 년간 삼성전자에서 근무하던 중, 일에 싫증도 나고 삶에 대한 번민이 밀려와 이직을 깊이 생각했다. 때마침 지인으로부터 신개념 자동화 농업회사를 함께 만들자는 제의가 들어왔다. 사실 오래 전에 퇴직을 결심했으나 한 번도 말을 꺼내본 적이 없는지라, 나의 갑작스러운 퇴직 소식에 부장, 팀장 등 회사 동료들은 극구 만류했다. 하지만 내 결심은 이미 굳어져 있었다. 2005년 5월에 삼성전자를 퇴사하고 희망과 꿈을 가득 안고 멀고 먼 경남 진주로 내려갔다.

지인과 새로 시작한 일은 농작물 비닐하우스 설치 및 자재유통업이었다. 고향 강원도에서도 비닐하우스 일을 많이 해보았기에 어느 정도 자신이 있었다. 그러나 상황은 녹녹치 않았고 현실은 우리를 배신했다. 일은 생각보다 힘에 겨웠다. 어렵게 공사를 따고 일을 해도 인건비 및 자재비 수금은 추수가 끝나야 받을 수 있었다. 내 인생에 대한 번민을 파고들어 갑작스럽게 시작한 이 일은 아무리 계산기를 두드려도 투자 대비 효율성이 없었다. 매사에 판단과 계산이 빠른 나는 졸지에 실업자가 되었다.

이후 삼성전자 근무 경력을 내세워 경력직으로 반도체 제조 회사들에 이력서를 냈다. 하지만 경력은 좋아도 학력이 고졸이라 취업은 쉽지 않았다. 설상가상 늦은 나이에 하게 된 결혼식 날짜는 성큼성큼 다가오고 있었다.

신부 측 가족들의 눈치도 보이고, 고통스러운 백수 생활은 튼튼하던 내 영혼을 산산 조각냈다. 그렇게 당황스런 시간을 보내던 중 지인으로부터 비비테크를 소개 받았다. 감사하게도 성열학 회장님을 만났고 웃음으로 진행된 인터뷰를 마치고 비비테크의 가족이 되었다.

과장 직급으로 취업하여 HOOK UP 품질 및 교육 업무를 약 6개월간 했다. 그리고 화성 사업장 현장 소장으로 자리를 옮겼다. 내 주특기인 반도체 업무와 전혀 다른 일이라 많은 어려움이 있었지만 차장, 부장, 이사, 사업부장까지 중책을 수행했다. 성 회장님은 내 기술보다 내 잠재력을 읽으시고 내 전공 밖의 일을 시키셨던 것 같다. 사실 처음에는 내 전공과 전혀 다른 업무였기에 과연 이 일을 내가 잘 해낼 수 있을까? 하는 부담감이 더 컸다. 다행히도 새로운 일들에 잘 적응했고, 회사에 필요한 사람으로 자리매김할 수 있었다.

만약 내가 성 회장님이었다면 나는 새로운 경력자를 뽑지 비전문가를 투입하지 않았을 것 같다.

그런데 남다른 지략과 사람의 능력을 단번에 파악하는 능력을 가진 성 회장님이 나를 채용한 것에 감사할 뿐이다. 나 외에도 그렇게 전공을 바꿔 성공한 동료들이 꽤 여럿이 있다. 그들도 그때를 생각하면 아찔했다며 우리만 아는 미소를 짓는다.

성 회장님은 그렇게 자신도 모르는 능력을 꺼내는 지혜가 남달랐다. 그리고 어려운 일이 닥쳐도 일에 초점을 맞추는 것보다, '어떻게'라는 문제 해결에 초점을 맞추었다. 그리고 파도를 헤쳐 노를 졌듯 문제들에 대처하여 좋은 결과를 만들 수 있는 방법을 알려 주셨다. 물론 어려움도 많았지만 대부분의 일들은 해결책을 찾고 오히려 발전의 기틀로 삼는 기회가 되었다.

사람이 살면서 가장 보람된 일은 누군가 나를 신뢰하는 것이라고 생각한다. 성 회장님은 감사하게도 내가 하는 일에 대해 믿음과 지원을 아끼지 않으셨다. 그런 두터운 격려와 사랑으로 내 자신과 회사에 누가 되지 않고 결과로 보답할 수 있게 이끌어 주셨다.

성 회장님은 붕어빵도 클린룸에서 만들어야 경쟁력이 있다고 늘 말씀하신다. 그리고 임직원 모르게 먼지 한 톨 없이 손수 청소하신다. 직원 입장에서 왜 저런 일까지 직접 하실까 의아했는데 생각해 보면 그 작은 일이 쌓이고 쌓여서 현재의 비비테크라는 큰 모습을 이룬 게 아닐까 생각한다. 큰일은 여러 작은 일이 모이고 자라서 만들어지듯, 작은 일이 곧 큰일이라는 생각에 나도 크든 작든 모든 일에 최선을 다하고 있다.

가르침과 모범은 말로 하는 것이 아니라 행동이 답이다. 성 회장님은 아마 지금도 각 사업부별 사업장 어딘가에서 마당을 쓸거나 풀을 뽑고 계실 것이다. 외부의 귀빈 및 방문객들이 우리 회사를 보고 사업장 관리가 깨끗하게 잘 돼있다고 칭찬할 때마다 회장님께 늘 송구한 마음뿐이다.

성 회장님이 하시는 말씀 중 '삼사일언(三思一言)'은 내 삶의 철학으로 마음 깊이 새겨져 있다. 세 번 생각한 후에 한 번 말하라는 뜻처럼, 말과 행동을 신중하게 하려고 나는 늘 노력한다.

한 마디 말이 때로는 크나큰 독이 되어 나 자신과 사람들을 다치게 할 수 있음을 새기며 업무 중 말 한 마디도 신중하려고 노력한다. 그 결과 현재 1,000여 명의 임직원과 2차 협력사 관리도 나름 잘 해내고 있다.

성 회장님은 항상 직원을 한 가족이라 생각하며, 임직원 입장에서 세상을 바라본다.

출산휴가를 적극 지원하고 자녀가 있는 직원은 업무시간을 조정하도록 하는 등 직원들이 일과 개인의 질 높은 삶을 고루 누릴 수 있도록 많은 투자를 하고 있다. 그 결과 2014년 7월 11일 제3회 인구의 날을 맞아 대통령상 국민훈장목련장을 수상했으며, 2014년 경기도 일하기 좋은 기업 인증서를 받는 등 가족친화기업으로 자리 잡았다. 특히 인구의 날에 성열학 회장님이 수상한 대통령상 국민훈장목련장은 내 일보다 더 기쁘고 자랑스럽다.

고령사회 문제에 관심을 갖고 임직원들의 미래와 노후를 생각하는 성 회장님께 이 기회를 빌려 깊은 감사를 드린다. 그리고 새로운 일을 위한 미국 현지 업무도 최선을 다하겠다는 다짐을 전해드린다.

직원 복지는 물론, 수원시생활체육회, 월드베스트프렌드의 아프리카 케냐 빈곤퇴치 운동 등에 의미 있게 참여하며 사람을 소중히 여기고 남의 아픔을 진심으로 보듬는 성 회장님의 따뜻한 미소가 영원하길 기원한다.

항상 임직원 입장에서 세상을 보는 회장님께 감사드린다.

5. 직원이 본 고용주 성열학

실수는 미래를 위한 투자! 믿음은 함께하는 행복

이해훈 | (주)비비테크 부장 |

    수원공고를 나와 군복무를 마치고 서일대학교 건축과를 졸업했다. 건축을 전공했다는 자부심으로 소규모 건축회사에 들어가 건축가로서의 꿈을 꾸었다. 무에서 유를 창조하는 건축의 매력에 빠져 살았지만 이내 지쳐서 이직을 준비했다.

    사촌형의 소개로 비비테크를 알게 되었고 2005년 11월 28일 면접에 합격해서 현재까지 근무하고 있다. 처음 만난 성열학 회장님은 따뜻했고 짧은 시간이지만 매우 깊은 유대감을 느낄 정도로 가슴 뛰는 감명을 받았다.

    친구들의 경험이나 내 경험에 비춰볼 때, 뛰는 가슴은 얼마 지나지 않아 싸늘히 식는 것이 직장이었기에 조심스럽게 출근하며 나를 바라보았다.

그런데 비비테크는 나의 이런 기우를 모두 날려주었다. 성 회장님은 취미 생활이나 멋진 청춘소설을 써내려가듯 회사를 운영했다. 그는 회사의 대표였지만 때론 큰형 같이, 때론 아버지 같은 느낌으로 내게 다가왔다. 직원으로서가 아닌 '인간 해훈'으로 나를 대해주었다. 비비테크에 다니며 새삼 나의 정체성을 깨달을 수 있었고, 미래를 위해 스스로 훈련하는 기회를 얻을 수 있었다. 이 모두 끊임없는 격려와 애정으로 이끌어주신 회장님 덕분이다. 또 직원들의 노력에 대해 아낌없이 보상해주셨으며 자아성취를 하도록 이끌어주셨다.

나의 비비테크 이야기는 네 주제로 풀어보겠다.

1. 이벤트와 복지

나의 멘토이자 아버지 같은 존재인 성 회장님을 만난 것은 내 인생의 전환점이자 커다란 기회였다. 나는 회장님의 끝없는 격려에 힘입어 나를 발전시킬 수 있는 다양한 활동을 하며 발전해 왔다.

비비테크에서는 한눈을 팔수 없게 하는 이벤트들이 계속 이어졌다. 회장님은 오로지 직원들의 복지를 생각하고 그것을 실천에 옮겼다. 직원들의 건강을 위해 탁구장, 건식 사우나, 노래방, 각층마다 도서가 준비된 독서실을 준비했고, 화성 바닷가에 직원 연수원을 지어 직원들이 공평하게 이용할 수 있도록 배려해 주었다. 이런 복지는 사실 지금도 중소기업에선 찾아보기 힘든 일이다.

임직원의 미래를 생각하는 '성 회장식 복지'는 대기업에서도 실천하기 쉽지 않을 것이다. 물론 재원이 넉넉한 대기업의 경우 규모의 복지는 가능할지 모르나 직원과 그의 가족이 이벤트 장으로써 이용 가능한 연수원 운영은 아마 마음이 전달되는 비비테크만이 할 수 있었다고 자부한다. 비비테크의 연수원은 시설 이용 면에서도 누군가가 소외되지 않도록 배려하여 나를 비롯하여 직원 대부분이 자부심을 가지게 했다.

2. 비비테크만의 업무 방식

한번은 작업자가 배관연결 마무리가 다 된 줄 알고 반도체 장비를 가동시키는 일이 있었다. 때문에 장비로 공급되는 냉각수가 낙수되어 장비가 망가졌고 생산 일정에도 큰 지장을 주었다. 사실 이 일로 회사는 큰 금전적 손해를 입었다. 하지만 회사는 잘못을 지적하지 않고 문제 해결을 어떻게 할지 함께 고민했고, 문제는 무난히 해결되었다. 이 일을 계기로 생산부와 관리부와의 협업이 강화되었다. 물론 이런 실수는 다시 일어나지 않았다. 이때 실수한 직원을 매도하고 질책하였다면 직원유대와 화합은 물 건너가고 이런 실수들이 계속 반복되었을 것이다.

또한 직원들의 발전을 위해 사회경험이 많은 명인 명장들을 초청해서 살아있는 강의를 들려주었다. 사실 교육 땐 조금 지루해하기도 했지만, 어디서도 들을 수 없는 귀한 내용이었기에 직원 모두에게 앞을 보며 나아갈 수 있는 모티브를 제공했다.

3. 해외순방 및 우수사원 여행

비비테크는 사람들의 다양한 필요 중 해외여행이라는 꿈을 실현시켜 주었다. 해외 출장을 마련하여 선진 기술 습득과 함께 관광할 기회도 주어 업무능력 향상과 개인의 성장 동력을 제공했다.

나는 회사의 배려로 네덜란드에 워킹투어(working tour)를 하였다. 이 여행이 내겐 선진문화와 견문을 넓히는 계기가 되었다. 주말에는 프랑스 세느강과 에펠탑, 루브르박물관, 벨기에 소변보는 어린이 동상 등을 구경하며 머리를 식힐 수 있었다. 또한 우수사원 우대로 필리핀 세부를 다녀왔다. 그리고 코팅(coating) 관련 업무 기술 협업을 위해 다녀온 중국 태주 출장도 견문을 넓힘과 동시에 힐링하는 시간이었다. 이렇듯 다양한 형식의 해외여행 기회를 통해 직원들은 자신감과 업무능력을 향상하는 재충전의 시간을 갖는다.

4. 비비테크와 나

나는 큰 체구에 내성적이며 소극적인 성격이다. 그래서 선임들은 "3개월이면 회사 그만두고 나가겠구나!"라고 생각했다고 한다. 그러나 어릴 때 시골(화성에서 태어났다)에서의 고생과 무에서 유를 창조하는 건축일도 해보았기에 새로운 일에 흥미를 갖고 재미있게 일했다. 그렇게 나름 적응해 가며 회사에 필요한 사람으로서 회사에 득이 되는 사람이 되어갔다. 이후 관리자로써 책임감과 애

사심으로 정진할 수 있었다. 물론 회장님의 무한 신뢰로 전문가로써 발전하고 있다.

이렇게 세심한 배려와 사랑으로 이끌어 주신 성 회장님께 언제나 감사한다. 내가 비비테크에 근무하지 않았다면 지금쯤 내 마음의 불꽃은 싸늘히 식었을지 모른다. 하지만 나는 부족하지만 매일을 기대하며 매일을 행복으로 채우는 방법을 안다. 거기에는 나를 잘 알고, 내가 일하는 회사의 주인을 멘토로 모시고 일을 하기 때문이라고 스스럼없이 말할 수 있다.

내가 자부심으로 아침을 열고, 행복으로 시간을 맞이할 수 있도록 믿음 소망 사랑을 주신 성열할 회장님께 진심으로 감사드린다.

6. 창업한 직원이 본 성열학

미래 내다보는 혜안 키워주고, 삶의 의미 깨닫게 해줘

이병석 | ㈜지투지이엔지 대표 |

성열학 회장님과의 만남은 비비테크 설립을 준비하던 때였다. 회사 설립 시 한동안 창업을 위한 여러 가지 도움을 위해 자주 만났다. 그렇게 자주 만나던 중 성 회장님의 막냇동생이 친구여서 책임감을 더 많이 느꼈다. 당시 나는 건설회사에서 시공 실무 책임자로 일하고 있었다. 그러던 중 비비테크에서 함께 일하자는 제의를 받고 입사했다.

입사 후 성 회장님은 앞으로는 1인 다역을 하는 글로벌 인재를 필요로 하는 세상이 될 테니 주어진 일에서만 머물지 말고 여러 일을 배워보라고 독려했다. 회장님의 말은 빈말이 아니어서 내가 배관 및 용접 관련 자격증을 따도록 적극 지원해주셨으며, 나 자신을 위한 기술을 배울 수 있도록 회사 업무를 조정해주셨다. 이로 인해 나는 어떤 분야에서도 일을 할 수 있는 '멀티 기능인'이 되었다.

당시 과장 차장을 거치며 부서를 이끌었는데 회장님은 나의 역량이 극대화되도록 힘을 불어넣어 주었고, 장차 내 회사를 준비할 수 있게 많은 격려를 해주셨다. 사실 기업주의 입장이라면 능력이 있는 인재들이 자신의 회사에서만 근무하기를 바랄 것이다.

그러나 회장님은 달랐다. 임직원들의 능력을 가늠하고 역량이 확인되면 독립하여 자신과 사회에 기여하도록 다년간의 훈련(?)을 통해 창업을 적극 밀어 주셨다. 나 말고도 회장님의 권유와 도움으로 비비테크를 떠나 자신의 일을 찾은 직원들이 10여 명이 넘는다.

회사의 운명은 회사 대표가 미래를 바라보는 혜안이 있을 때 극대화하며 미래로 나아갈 수 있다. 당시에는 나와 동료들이 하던 진공배관 업무가 회사 매출의 큰 부분을 차지했는데, 회장님은 10년이 지나지 않아 그 일은 없어질 거라고 내다보며 다가올 미래를 위해 차곡차곡 준비했다.

이런 변화를 미리 내다본 회장님은 핵심 직원들을 타 회사로 이직시키는 결단을 내렸다. 사실 이 단계에서 약간의 오해도 있었지만 결론은 직원들을 위한 성 회장님의 생각이 옳았다. 시간이 지나 평택에 반도체 사업이 확장되고 미리 준비했던 비비테크와 임직원들은 중소기업 대표로, 임원으로 활동하며 사회에 이바지하고 있다. 나도 그런 준비 끝에 나만의 철학을 가진 회사를 설립했고 현재 꾸준히 성장하고 있다.

비비테크에 근무하던 중 감사하게도 회장님은 사람이 사는 의미를 알려주셨다. 자신을 진정으로 사랑한다면 남에게 선을 베풀어야 한다. 나눔의 기쁨을 알면 그건 세상 그 어떤 것보다도 큰 행복임을 알려주셨다.

당시 성 회장님은 케냐 바링고 주의 빈곤 탈출을 돕는 봉사활동을 하면서 감사하게 내게도 봉사활동에 참여할 기회를 주었다. 그렇게 다년간 활동하던 중 바링고 커피를 수입하는 회사 운영을 내가 적격이라며 해보라고 하셨다. 그렇게 오산에다 바링고 커피빈스 카페를 열고 커피사업을 시작했다. 내 회사가 있었으므로 아내가 7~8년간 운영하면서 나름 많은 성과를 이루었다. 예전에 성 회장님이 내게 미래를 위한 투자와 능력만큼 자신만의 일을 하라고 권했던 것처럼 이제는 능력을 키운 내 회사 직원들이 퇴사하여 사업주로서 커피사업을 성공적으로 운영하고 있다.

많은 사주들이 직원을 단지 월급만 받고 일하는 노동자나 회사의 부속품쯤으로 여기나 성 회장님은 임직원을 각자 자신을 투자한 동업자로 대해준다. 그러니 회사는 성장하고 역량이 넘치는 직원은 회사를 설립하고 대표로써 사회에 이바지 하는 선순환이 일어나고 있는 것이다.

현재 비비테크는 1, 2차 협력사 등 합쳐서 1,000여 명의 직원을 거느린 우량기업으로 많은 사람들의 삶을 책임지고 있다. 성 회장님의 인내심과 냉철하지만 따뜻한 미소는 사람과 사람, 사람과 기계가 서로 소통하게 하며, 모두가 즐기며 일을 하게 만든다.

매일 다시 태어나야 사는 성 회장님의 이런 긍정의 에너지와 '함께'라는 가치가 좀 더 널리 퍼져서 불평등이 없는 사회가 만들어지길 희망해본다. 내게 따뜻한 미소로 미래를 계획하도록 삶의 나침반이 되어주신 성 회장님께 늘 감사한다. 그리고 중소기업 사관학교로써 성 회장님의 공존의 철학이 더 널리 퍼지길 기원해본다.

7. 목회자가 본 성열학

아낌없이 주는 작은 거인의 큰 울림

차보용 | 보영테크 대표이사 | 월드베스트프렌드 대표
(케냐 바링고 주 경제자문, 수정침례교회 협력목사, 경기도침례교연합회 회장)

    신학교를 나와 목회자가 된 나는 교회를 세우거나 월급을 받는 목회활동을 하지 않기 위해 조그만 기업을 운영하며 자비로 목회활동을 하고 있다. 그러기 위해선 기업운영을 잘해야 했다. 선형연마 기계 한 대 놓고 사업과 자비 목회 활동을 해야 했기에 고군분투 하던 중 성열학 회장님을 만나게 되었다.

    수원 화성 지역에 사람 좋아하고 직원들 복지에 힘을 들이는 분이 있다는 말을 듣고 무작정 찾아 갔다. 그는 목회와 기업을 함께 한다며 명함을 내미는 나를 기이하게 바라보았다. 나도 사람 보는 눈이 있는지라 대화를 나누며 이런 분과 함께라면 내가 품은 뜻을 이룰 수 있을 거라는 믿음을 처음 만남에서 가지게 되었다. 그리고 얼마 후 1992년 출범하고 활동을 이어가고 있던 NGO 단체 월드베스트프렌드의 회장 명함을 만들어 내밀었다. 그때가 2005년이었는데 회장직 수락 여부도 묻지 않고 내민 명함을 받으며 성 회장님은 의미 있는 미소를 지었다.

나중에 알게 되었는데 회장님은 새로운 일을 시작하면 에너지가 분출하고 새로운 일에 희열을 느끼는 에너자이저였다. 돈 버는 일보다 사람들의 삶에서 웃음을 보는 것을 특히 좋아하셨다. 큰 회사를 운영하는 기업가이지만 눈이 마주치면 시장 아주머니와도, 길가의 구둣방 아저씨와도 반가운 사이가 되었다. 가끔 회장님과 일 때문에 어딘가 갈 때면 목적지 근처 길가에서 붕어빵도 사고 좌판 할머니를 만나면 고사리며 고추, 상추도 사며 꼭 안부를 물었다. 그렇게 길에서 장사하는 분들과 얘기할 때, 그의 환한 미소는 더욱 깊어졌다. 회장님이 산 붕어빵, 호박, 나물, 뻥튀기 등은 거래처와 함께한 내게 선물로 주셨다. 그 때 길에서 사준 붕어빵은 정말 따뜻하고 행복한 맛을 풍겼다.

목회자로서 내가 하는 일을 성 회장님은 생활에서 늘 실천하고 있었다. 회사 직원들과의 교감, 매일 만나는 사람들과의 크고 작은 소통에서 그는 예수의 삶을 그대로 보여주고 있었다. 목사인 내가 할 수 없는 많은 일을 그는 생활에서 실행하고 있었다. 그는 삶의 예배를 드리는 사람이었다.

감사하게도 성 회장님과는 나이 차이를 넘어 많은 날들을 함께 하는

2023년 3월 방한한 케냐 바링고주 지사 일행과 월드베스트프렌드 회원들과

친구가 되었다. 그는 목회와 사업을 병행하는 내게 많은 도움을 주었다. 봉사 단체인 월드베스트프렌드 활동도 나 혼자라면 할 수 없는 많은 일들을 이루도록 내게 큰 힘을 실어주었다. 성 회장님의 묵묵한 보탬으로 케냐 바링고 오지에 컴퓨터 5,700대를 보냈다. 그리고 119개 학교에 컴퓨터센터교실을 만들었다. 2만 평의 부지에 메인 센터인 월드베스트프렌드 엘리야스센터를 건립해서 현재까지 20만 명이 공부했고 이제는 그들의 꿈을 위해 이노베이션센터 건립을 추진하고 있다. 그곳에서는 창업 및 기술 트레이닝·ICT컴퓨터차세대교육·한국어교과운영·커피교육 및 무역컨설팅·MZ세대 글로벌 리더를 배출하는 꿈을 꾸고 있다. 성 회장님은 그렇게 케냐 사람들의 의식을 바꾸는 일을 즐겼다.

케냐의 바링고 주는 일교차가 크고 고지대로 토양이 커피심기에 알맞아서 품질이 좋고 부가가치가 높은 커피나무를 심고 있었다. 그런데 우리가 갔을 때 그 좋은 커피나무를 베어 내고 있었다. 타 작물을 심기 위해서였다. 물론 부가가치가 낮은 식물이었다. 이는 케냐의 바링고 주 사람들을 더욱 가난의 길로 빠져들게 하는 일이었다. 원인은 커피 상인들의 착취에 가까운 유통 구조 때문이었는데 성 회장님은 그들을 위해 당시 커피콩을 10배가 넘는 가격에 수매해 주었다. 그리고 커피나무 보급 사업으로 그들이 미래를 꿈꾸도록 도왔다. 귀국해서는 뜻이 맞는 크고 작은 기업인들과 케냐의 바링고 주 도지사와 관계자들과의 소통을 통해 민간 외교에 가까운 활동으로 그들을 도왔다.

성 회장님의 도움으로 선형연마기 1대로 시작한 나의 회사 보영테크는

CNC선반 60대, CNC머신 57대를 가진 중견기업이 되었다. 그가 없었다면 결코 이룰 수 없는 많은 일들을 그는 내게 선물로 주었다. 기업 활동으로 신자들에게 부담을 주지 않겠다는 내 바람에도 그는 큰 힘을 실어주고 있다. 그렇게 아낌없이 주는 나무처럼 내게 많은 도움을 준 그에게 배운 것은 봉사와 기업 활동보다도 그가 가진 기본적인 인성과 삶의 방식이다.

보통 사회생활을 하면 이중적인 생활을 하게 되는 경우가 많다. 밖에서 만나는 사람들과 가족 간의 만남은 다른 경우가 많은데 회장님은 늘 가족과 소통하며 모든 일과 생활을 가족 중심으로 이어나간다. 특히 회장님께 배울 점은 크고 작은 회사일이나 사회활동에 늘 부인과 동행한다는 것이다. 이런 동행을 대부분의 사람들은 부담스럽거나 남들 눈을 의식해서 피한다. 하지만 회장님은 한 몸으로써 아내와의 동행을 너무도 당연한 일이고 그렇게 인생을 즐긴다. 물론 물심양면 남편의 일에 도움을 주고 조언자 역할도 잘하는 부인의 인품도 한몫했다.

때문에 회장님과 친한 친구와 기업인들은 그의 영향으로 그를 만날 때는 대부분 부부동반을 한다.

수천 명의 삶을 책임지고 있는 성 회장님에겐 바람 잘 날 없듯 많은 일들이 일어난다. 그래도 주말이면 그저 평범한 할아버지로 돌아간다. 손자들과 놀아주는 일이 자신의 삶에서 꼭 필요한 일이라며 위대한(?) 손자들과의 놀이에 들어간다.

특별한 교육이 아닌 인자한 할아버지로서 재롱에 즐거워하고 투정도

한없이 받아주며 손자들과 노는 일이 그의 유일한 주말 스케줄이다. 할아버지로서 손자들과 함께 노는 일을 그는 삶에서 꼭 필요한 일이라고 한다. 나는 그런 그의 생각을 알 것도 같다. 사실 그것은 위대한 일이다. 손주들을 시대와 세대를 뛰어넘는 소통기술을 가진 인재로 기르는, 고도의 교육방법인 것이다. 이것이야말로 우리 사회의 고질적인 문제를 푸는 열쇠라고 생각한다.

많은 인연들을 필연으로 만드는 기술, 그것이 성 회장님의 삶의 철학이라 생각한다. 소확행, 즉 일상의 소소한 일들에서 확실한 행복을 찾는 일이야말로 우리 삶의 행복의 열쇠이다. 작은 물방울들이 모여 큰 바다를 이루듯, 큰 목표는 있지만 하루하루 작은 일들의 의미를 사랑으로 풀어나가는 성열학 회장님을 보며 나는 지금도 많은 것을 배우고 있다. 이것이 예수님이 가르쳐준 삶이고 진정한 영혼구원의 모습이 아닌가?

내가 살면서 가장 잘한 일이 있다면 그건 성열학 회장님을 만난 일이다. 그리고 그와 함께 봉사활동을 하게 된 것이라고 자신 있게 말한다. 부족한 내게 사람 냄새 나는 삶을 보여주신 성 회장님과 그의 아름다운 부인 김은숙 여사님께 감사한다.

우린 오늘도 함께 뚜벅뚜벅 그 길을 걸으며 천국의 한복판에서 만날 날을 기다리며 이 땅에서 주어진 시간을 최선을 다하는 사명가의 삶을 살고 싶다.

8. 군대 후임이 본 성열학

내 인생의 롤 모델이자
나를 이끌어준 나침반

김시택 | (주)삼진브앤피 대표이사 |

81년 신병훈련을 마치고 배치된 병영에서 성열학 회장님을 처음 만났다. 나보다 5개월 선임인 성 회장님은 이해가 가지 않는 군 생활을 했다. 선임으로써 당연히 받아야 하는 예우(?)를 그는 전혀 강요하지 않았다. 내무반의 모든 선임 후임들을 격려와 사랑으로 대했고 조용히 그들을 바라봤다.

20여년을 살며 나는 처음으로 존중을 받았고 그로 인해 인생의 많은 부분을 생각하게 되었다. 매일 매일이 소중했고 내가 살아있다는 것에 긍지를 느꼈다. 작은 일 하나에도 의미를 심으며 지내는 군 생활이 너무도 행복했다. 보통 빨리 끝내고 싶어야 할 군 생활이 내게 그런 행복을 준 것은 바로 성열학이라는 알 수 없는 선임 때문이었다. 목소리가 큰 것도 아니고 힘이 남보다 센 것도 아닌데 그는 커다란 영향력으로 내게 삶의 희망을 갖게 했고, 기쁨을 얻게 했다.

군 생활에선 당연히 있게 마련인 인권유린적 관행들에 그는 못을 박았다. 줄 빠따가 사라졌고, 선임들의 구두 닦기와 청소빨래 등 자질구레한 요구들이 설 곳을 잃었다.

그러한 변화는 사실 저절로 만들어지지 않았다. 그가 바라보는 이상들 즉 한 인간으로써 병영을 함께하는 사람들에 대한 배려와 사랑을 동기로 변화를 이끌어 내었다.

지금은 많이 변했지만 당시만 해도 군 생활에서의 구타나 괴롭힘은 너무도 자연스러운 것이었다. 욕설, 구타, 괴롭힘 등 자신이 당한 치졸한 행위들을 다시 후임에게 행했다. 인생의 황금기라 할 20대 초반의 청년들이 국방의 의무를 완수하기 위해 모인 그곳에서 비정상적인 인권 유린을 아무렇지 않게 당하고, 되돌려주는 것이다. 그 기억을 평생 마음 주머니에서 넣다 빼며 사람들은 살아간다.

술만 먹으면 후임들을 괴롭히는 고참이 있었다. 평소엔 소심한 그이지만 술에 취하면 목소리가 커지고 더 취하면 후임들을 구타하며 자신을 향한 증오를 타인들에게 배설했다. 그가 술을 마시는 날엔 병영은 어지럽고 소란스러웠다. 그러던 어느 날 성열학 회장님이 술에 취한 그 선임을 목욕탕으로 데리고 들어갔다. 그곳에서 어떤 일이 있었는지 알 수 없지만 그날 이후로 그 선임의 주사는 끝이 났다. 그 선임에게는 한동안의 고통의 시간이 있었지만 모두와 함께하며 자중심을 되찾아 갔다. 성 회장님이 병장이 되면서 다양한 병영의 비리와 폭압적인 일들이 사라져 갔고 우리들은 진정한 남자의 우정을 쌓아가게 되었다.

세상에서 가장 잔혹한 존재는 시간이다. 그렇게 행복한 병영생활을 하던 중 그가 제대를 하게 된 것이다. 알 수 없는 두려움이 고통으로 밀려왔고 청소를 위해 잡은 빗자루가 엄한 곳을 쓸고 있었다. 왜 우리는 헤어져야만 할까? 왜 우리는 같은 곳을 바라볼 수 없는 걸까? 정오의 태양은 왜 노을로 사라지고, 모두가 잠든 새벽에 닭은 왜 큰소리로 모두를 깨우는 걸까? 이유를 알 수 없는 많은 질문들이 고개를 들었다. 그가 떠나는 길목에 병영의 친구들은 마음을 담은 편지와 선물들로 그를 울게 했다. 그렇게 힘들게 그는 우리 곁을 떠났다. 그가 없는 내무반엔 어둠보다 더 짙은 고요가 찾아왔다. 나는 그때 알게 됐다. 성열학은 내 인생의 모델이며 나를 이끌어 줄 나침반이라는 것을…

그가 떠나고 얼마 후 나도 말년 휴가를 얻었다. 나는 말년 휴가지로 고향 제주가 아닌 성 회장님의 집인 화성시 비봉으로 가고 있었다. 그를 만났고 그와 끝없는 이야기를 나누었다. 이후 그와의 인연은 계속 되었다.

우리 모두가 아는 IMF가 찾아왔고 그때까지 내가 이룬 모든 것을 IMF는 지워버렸다. 그런 실패를 보이기 싫어 그렇게 아끼던 형님인 성열학을 나는 떠나게 되었다. 그렇게 스스로 택한 외로움 속에서 살던 어느 날 지인의 결혼식에 참석했다. 그런데 신랑의 고향이 화성시 비봉이라는 말을 듣고 수소문 끝에 성 회장님과 통화를 하게 되었다. 전화 너머의 목소리는 너무도 다정했고 곧바로 우린 다시 만났다. 당시의 나와 비교해 그는 너무도 크게 성공해 있었고 모든 것이 안정되어 보였다. 그러나 그는 전혀 변하지 않았다. 힘든 내가 안타까워서 그는 그 환한 웃음도 짓지 않았다. 그렇게 다시 만난 성열학 형님은 내게 재기의 힘이 되어 주었다.

사람은 시간이 지나면 변한다. 자신의 현재 위치에 따라 표정도 몸짓도 모두 변한다. 하지만 인간 성열학은 변하지 않았다. 군대에서 처음 만났을 때, 그는 자신의 모든 것을 꺼내 놓은 것일까? 부와 나름 명예도 얻은 지금 그는 아픈 사람과는 함께 아프고, 기쁜 일은 함께 기뻐하며 사람들과 공명한다. 그와 만나는 많은 사람들은 나와 같은 우정을 쌓아가고 있다. 40여 년의 세월이 흘렀지만 지금까지 이어진 우리의 우정, 인생의 나침반으로 나타난 그에게 감사하고 그가 많은 사람의 인생의 길을 환히 밝혀 줄 것이라는 믿음을 전한다. 성열학! 그는 모두의 친구이다.

9. 민주평화통일수원시협의회 실장이 본 성열학

작은 체구에 큰 산을 품은 소통 왕

강소영 | 민주평화통일수원시협의회 실장 |

2017년 9월 1일부터 2019년 8월 31일까지 2년간 민주평화통일수원시협의회 제18기 회장을 지내신 성열학 회장님은 자그마한 체구를 가졌으나 내면엔 큰 산을 지니고 계신 분이다. 항상 다정다감한 모습이지만 일을 하는데 있어서는 폭풍처럼 강렬한 추진력을 발휘했다. 그 추진력 뒤에는 늘 자문위원들과의 의미 있는 소통이 있었으며, 때문에 2년 임기동안 많은 일을 이룰 수 있었다.

성 회장님 하면 편안한 미소가 먼저 떠오른다. 이 미소는 사람들의 마음을 열고 어려운 일도 함께 하고픈 열망을 품게 만든다. 생각이 다른 사람들이기에 생기는 반목도 그의 미소는 금세 하나로 녹아들게 만들었다.

회의 때, 사람마다 생각이 다르니 의견충돌과 반목이 있게 마련인데, 이 때 자신의 생각은 잠깐 묻어두고 다른 전문가들의 의견을 경청함으로 최상의 결과를 끌어내곤 하셨다.

그의 말솜씨는 화려하진 않지만 때론 시적으로, 때론 직설적인 어법으로 사람들의 마음을 파고든다. 자신을 내려놓은 진정성 있는 언어는 문제들을 극복하는 동력이 되었다.

18기 임기동안 1차 임원 회의로 시작해서 북한 이탈주민 합동 망향제, 10.4 남북 정상선언 10주년 기념 평화 공감 특별강연회, 북한이탈주민 통일 한마음 체육대회, 함께해서 즐거운 북한 이탈주민 주말 문화체험, 이탈주민을 위한 물품 기증식, 통일의견수렴, 2018 환경정화운동, 평화통일 무궁화 놀이, 중고생과 함께하는 통일강연회, 2018 민주평통 고등학생 통일 골든 벨 경기도대회, 경기지역 통일문제 공론화 토론회, 6·10 민주항쟁 31주년 기념사업, 나라사랑 역사현장체험, 통일시대시민교실(광복 제73주년 기념 통일강연회), 평화통일 학생미술대회, 평화통일 학생미술대회, 정기회의 및 통일의견수렴, 경기 3권역 자문위원 연수, 4분기 정기회의 및 통일의견수렴, 평택 2함대 을지문덕함 위문 외에 다양한 문화 활동으로 통일염원 활동을 펼쳤다.

특히, 북한이탈주민들의 성공적인 남한 정착을 위해 항상 문을 열어놓음으로써 지역민들의 통일 열망을 구체화하고 많은 사람들의 생각을 하나로 모았다. 그리고 그들 삶에 필요한 실제적인 도움으로 그들의 삶에 빛이 되어 주었다.

그렇게 2년간의 임기 중 기억에 남는 좋은 결과를 많이 만들어 냈다. 임기를 마친 지금도 북한 이탈주민들과의 소통을 조용히 이어가시는 것으로 알고 있다. 한번 맺은 인연은 끝까지 이어가는 그의 삶의 철학을 알 수 있는 대목이다.

성 회장님의 활동에서 특히 주목할 것은 중소기업을 성공적으로 이끈 전문성을 바탕으로 한 중소기업인들과의 소통이다. 쌀독에서 인심 나듯, 기업이 잘 돌아가야 이웃도 돌아볼 수 있다는 소신으로 자신의 회사에 중소기업 대표들과 언제든 만나고 일감들을 나눌 수 있는 회의실을 두어 기업인들을 도와왔다. 이를 바탕으로 중소 기업인들과 함께 어려움을 겪는 이웃에게 다양한 방법의 도움을 베풀었다.

"조금 더 따뜻하고, 조금 더 섬세하게" 어려운 이웃을 도와 왔지만 자신을 숨기는 겸양의 리더십을 손수 실천했다.

성 회장님과 함께 한 2년, 관내 북한이탈주민 지원 사업, 지역 골든벨(지역 학생 돕는 행사), 각종 체육대회 등 행사가 많아 사실 부담이 되었다. 하지만 행사 대부분 자발적인 동력으로 진행되어 재미있게 일을 할 수 있었다.

봉사활동도 봉사 단체와의 협업으로 전문성을 가지고 할 수 있었다. 컴퓨터 생활용품 등 다양한 물품을 수원 지역을 넘어 물품이 필요한 타 지역에도 전달했다. 필요에 따라 개인이나 학교, 지역단체 등에 꼭 필요한 것을 지원하므로 봉사의 효율을 높였다.

2년 간 공약 사항들을 넘어서는 성과를 내었다. 무리하지 않는 진행, 유연하고 계획성 있는 진행으로 많은 결과를 내었다. 특히 준비와 실행 과정에서 실장, 사무총장, 임원들과의 손발이 잘 맞아서 일이 재미있었다.

수원 염태영 시장과의 관계도 돈독하여 민주평통 행사를 위한 시의 전폭적인 지원도 이끌어냈다. 필요하다면 추경을 통해서도 일을 진행했다. 탈북자, 노약자, 취약계층 학생들이 위로와 희망과 웃음을 얻어갔다.

성 회장님과의 2년을 요약하면 유머감각으로 모두가 편하게, 기왕 하는 일 즐겁고 신나게, 어려운 일일수록 솔선해서 먼저 실천하며 웃고 먼저 다가가는 것을 배울 수 있는 소중한 시간이었다.

성열학 회장님은 언제나 살아 움직이는 분위기와 생각이 다른 사람들과 유연한 소통으로 하나가 되게 하는 선천적 재능을 가진 것 같다. 이 재능이 보다 큰일에 쓰이면 좋겠다.

2017년 3월 민주평화통일자문회의 수원시협의회 회장 취임식 후 수원시의회 여성의원들과 기념촬영

10. 수원시생활체육회 총무이사가 본 성열학

수원시 생활체육에 새바람을 불어넣다

이순우 | 수원시승마협회 회장 |

내가 성열학 회장님을 알게 된 것은 2000년 초반이었다. 따뜻한 눈길로 세상을 바라보는 성 회장님은 당시 공무원 사이는 물론 체육계에서도 소문이 날 정도로 주목을 받고 있었다. 어떤 사람일까? 궁금하던 그를 가까이에서 보며 조금씩 진면목이 느껴졌다. 그는 중소기업을 운영하며 직원들에게 '함께'라는 긍지를 심어주었고, 중소기업의 모범적인 운영 매뉴얼을 차근차근 만들어가고 있었다. 모두가 나 살기 바쁜 시절에 그는 '우리'라는 공동체의 가치를 알려주려 애썼다. 노력하는 누구에게나 기회의 열쇠를 선사했다.

2011년 성 회장님이 수원시생활체육회 7대 회장으로 취임하고 내가 이

단체의 총무이사를 맞게 되면서 성 회장님을 더 잘 알게 됐다.

나는 육상선수 출신으로 감사하게도 긴 시간을 체육계에서 활동하며 축구협회 회장, 수원시 체육회 소속 50여개의 단체 협의회 통합회장, 승마협회 회장직을 수행해왔다. 또 청소년지도사로서 청소년수련원 원장으로도 활동하며 체육계 발전과 청소년들이 꿈을 키우도록 지도해왔다.

성 회장님은 내가 체육계에서 평생을 했던 일보다도 큰일들을 2년여 생활체육회장 재임 기간 동안 이뤄냈다. 그는 끊임없이 생각하고, 그 생각을 바로 실천해 현실로 만들었다.

수원시생활체육회장으로 취임하고 얼마 안 돼 성 회장님은 내게 작은 미션 하나를 주었다. 체육인들의 장롱 속에서 잠자고 있는 유니폼이나 운동화, 운동기구 등을 캠페인을 벌여 모아보자는 미션이었다. '그게 될까?'하며 큰 기대를 하지 않았는데, 한 달여 만에 컨테이너 한 대 분의 용품들이 모아졌다. 이 물품들을 베트남의 시골마을에 전달했다. 베트남의 가난한 시골 사람들이 좋아하던 모습이 지금도 눈에 선하다.

베트남의 축구역사를 새로 쓴 박항서 감독보다 앞서 수원시생활체육회에서 민간외교의 씨앗을 심었다고 자부한다.

이처럼 성 회장님은 단순히 체육발전을 위한 일에 그치지 않고 다양한 사람들이 공통의 생각으로 하나의 세상을 만들어가도록 화합의 문을 여는 데에 더욱 신경을 썼다. 그래서 많은 사람들이 성 회장님의 연임을 원했다. 보통의 경우라면 연임에 연임을 할 수도 있겠지만, 성 회장님은 극구 사양했다.

그는 수원시생활체육회장으로 있을 때 자비를 들여 축구 꿈나무 육성 클럽 '비비글로벌FC'를 창단했는데, 체육회장을 그만둔 후에도 계속 운영해 현재에 이르고 있다. 그리고 축구단 임원들의 부담을 덜어주기 위해 '리틀 꼬마김밥집'을 열어 운영하게 했다. 이 역시 성 회장님이 자비량으로 열었다.

또한 비비테크에 많은 체육인들을 고용해 그들의 삶을 지켜주고 있다. 체육계는 특히 스포트라이트를 받는 사람이 제한돼있다. 그러나 그 한 사람을 길러내기 위해 뒤에서 묵묵히 노력하는 더 많은 체육인들이 있다. 이들도 박수 받고, 삶이 보장될 때 진정한 의미의 체육 발전이 이뤄질 것이다. 성 회장님은 체육 발전의 밑그림을 그리는 많은 체육인들을 위해 스스로 책임을 나눠지려 한다. 40여 년 체육활동에 종사해온 나이지만 성열학 회장님의 일에 대한 열정, 이웃을 향한 봉사와 헌신 앞에 한없이 작아진다.

꽃도 시들고, 계절도 떠나가고, 사람들의 모습도 변해가지만 성 회장님의 따뜻한 눈빛은 해가 지나도 변함이 없다. 지면을 빌어 그간의 수많은 가르침에 대해 존경과 감사의 인사를 드린다.

11. 아내가 본 남편 성열학

좋아도 웃고 어려워도 웃고, 늘 웃는 남편을 보며 나도 웃는다

김은숙

친정어머니 친구분의 소개로 남편을 처음 만났을 때, 그는 너무도 촌스러운 시골청년이었다. 만나긴 했으니 내 할 일은 다했다는 생각으로 어색한 첫 만남이 끝났다.

다음날 퇴근 무렵 그가 기다리고 있었다. 다음날도, 그 다음날도 수원에서 서울로 올라와 날 기다렸다.

지금도 기억에 남는 것은 그의 천진스러운 웃음이다. 그는 무슨 말을 하다가도 웃고, 할 말이 없어도 웃고, 내가 무슨 말을 하면 진지하게 듣다가 또 웃었다. 그렇게 만남이 이어지던 어느 날, 남편은 우리 집으로 와 부모님께 인사를 드리겠다고 했다. 그 만남이 있고 얼마 후 아버지께서 말씀하셨다. "내가 그 친구 만나보니 사람이 참하고 무엇보다 정직한 것 같다. 사위를 삼아도 좋겠다."고 말씀하셨다. 어머니도 "사람이 성실하고 착하면 되지 뭘 더 바라냐… 근본이 된 사람이면 크게 고민하면 안 된다"는 말씀에 떠밀리듯 만난 지 6개월 만에 결혼했다.

결혼 후 7남매의 맏며느리로서 반 시골생활이 시작되었다. 아버님은 마을 대소사에 많은 부분을 치중하시느라 바쁘셨고, 어머님은 집안 살림, 농사일로 바쁘셨다. 그리고 직접 기른 농산물을, 수원의 주부들 동선이 많은 직거래장터에 내다 팔곤 하셨다. 한마디로 부지런하고 근면성실이 몸에 밴 전형적인 한국의 어머니셨다.

그런 집안 맏며느리이니 남편 뒷바라지와 함께 시댁 농사일도 거들어야 했다. 도시생활만 해왔던 나로서는 사실 농사일이 힘에 겨웠으나 남편의 환한 웃음을 보면 나도 따라 웃게 되고 힘든 일들이 머릿속에서 지워졌다.

시댁은 나름 동네 부자로 많은 땅과 재산이 있었지만 남편은 그 재산을 전혀 물려받지 않았다. 남편은 장남으로서 가질 수 있는 권리를 포기하는 결정을 하고 있었다. 처음엔 '왜?'라는 의문도 들었지만 남편의 뜻에 따르기로 했다. 가지 많은 나무에 바람 잘날 없듯 우리 집안에도 많은 일들이 있었으나 남편은 따뜻한 마음으로 나를 다독였다.

결혼 후 우리는 반 지하 방에서 신혼을 시작했다. 아들 진규가 태어난 반 지하 방엔 늘 곰팡이가 피어서 일 년에 3~4번은 도배를 다시 해야 했다. 나는 그 환경을 벗어나고파 조그만 전방을 하나 얻어 가게를 열었다. 방 하나 딸린 가게에서 시작한 장사는 비교적 잘 되었고 얼마 후 2층 전세로 이사를 하게 되었다.

남편의 웃음에 넘어간 사람은 나만이 아니었다. 우리 집엔 친구도 찾아오고 후배도 선배도 찾아왔다. 어떤 때는 어려워서, 어떤 때는 기뻐서, 항상 손님이 찾아오니 아예 손님을 위한 방 하나를 내 놓고 손님을 위한 이불도 준비를 해놓았다. 남편이 하는 일에 적극적이지는 않아도 방해는 말아야겠다고 생각했다. 남편은 회사 일에도 적극적이었고 세상사는 일에도 항상 긍정적이며 재미를 찾았다. 자신이 사장이 아닌데도 늘 주어진 일들에 최선을 다했고 주변을 위해 열심을 다했다. 나는 때론 없는 사람처럼 때론 그가 지치지 않도록 뒤에서 묵묵히 바라보았다.

그러던 어느 날 남편은 회사를 그만두고 창업을 해야겠다는 이야기를 했다. 걱정이 안 되는 건 아니지만, 당신이 원하는 대로 한번 해보라며 나름 모아둔 돈을 내놓았다. 하지만 모든 것이 갖추어진 대기업에서 하는 일과 모든 걸 만들어 가야 하는 내 사업은 많은 것이 달랐다. 남의 말을 잘 믿고 사람을 좋아하는 남편은 사업 초기에 사기도 당하고 어려움도 당했다. 그러나 적보다는 우군이 많았나 보다. 남편이 어려움에 빠졌을 때 누군가가 돕고 격려해주었다.

남편이 만든 회사 비비테크의 성공의 시동이 걸렸다. 8명으로 시작한 회사는 3개월 만에 50여 명이 근무하는 회사로 성장하며 현재는 공장 4곳에 1,000여 명의 직원이 근무하는 기업으로 성장했다.

중견기업에서도 하지 않던 직원 연수원을 짓는가 하면, 회사에 도서관 등 직원들만의 복지공간을 만들어 직원들의 자긍심을 높여나갔다. 처음으로 회사 사옥을 지을 때 남편은 건물의 한 층을 직원들을 위한 편의시설로 꾸몄다. 주변에서는 이상한 눈으로 바라보았으나, 나는 알고 있었다. 직원 모두가 자긍심을 가지고 일할 때 회사도 성장하고 개인도 발전할 수 있다는 남편의 따뜻한 인간관과 경영철학이 바탕에 깔려있었던 것이다.

이제는 아들 진규가 사람들을 섬기기 위해 비비테크를 이끌어가고 있다. 남편은 역시나 말없이 아들을 지원하며 선한 미소로 우리 모두를 지켜주고 있다.

좋아도 웃고 어려워도 웃는 그의 얼굴에 어느 순간 주름이 깊어져 마음이 아플 때는 나도 옛날을 생각하며 웃는다.

12. 아들이 본 아버지 성열학

집안의 어른, 사회의 스승
성진규

Family Comes First

아버지는 늘 가정적이셨다. 자녀들이 바르게 자라고 올바른 사회의 구성원이 될 수 있도록 신경을 많이 쓰셨다.

내가 어릴 적 아버지가 가정에서 가장 강조하신 것은 공부보다는 바른 인성이었다. 예와 부끄러움을 강조하셨고 예의 없는 행동을 하면 어릴 때도 호되게 혼난 기억이 많다.

중학교 1학년 때의 일이다. 한번은 하교 후 사회 선생님에 대해 조롱 섞인 부정적인 이야기를 한 적이 있다. 내 이야기를 들으시던 아버지는 스승의 그림자도 밟는 것이 아니라며 따끔하게 일침 하셨다. 이 한 번의 가르침으로 나는 이후로 선생님들께 항상 예의를 갖추게 되었다. 이 때문인지 지금까지도 나는 사람들을 대할 때 지위고하나 사회적 배경과 관계없이 한다는 나만의 기준을 가지고 있다.

아버지는 또한 효에 대해서 말이 아닌 행동으로 보여주셨다. 아버지가 당신의 부모님(나에게 할아버지, 할머니)을 대하시는 모습은 자식으로서 어떻게 부모를 공경하고 효를 다하는지를 느끼게 해주었다. 나도 그 정도까지 할 수 있을까 싶을 정도로 식구들과 많은 사람들에게 귀감을 보이셨다. 그런 아버지의 모습은 주변 사람과 자식들에게 무언의 큰 울림을 주었다.

지금은 손주들을 위해 주말을 할애하시고 많은 시간을 보내신다. 아이들도 할아버지와 함께 하는 시간을 매우 기대하고 행복해 한다. 지금은 몰라도 나의 자녀들은 할아버지와 함께 지내는 시간이 얼마나 의미 있고 큰 배움인지를 깨달을 것이라 확신한다. 할아버지는 그들의 인생의 푯대가 될 것이다. 아버지는 충분히 그럴 위인이 되실 만하다.

Do your best with your heart

아버지는 모든 일에 최선을 다하시고 정성을 담으셨다. 직장생활을 하실 때는 늘 바쁘셨다. 내가 어릴 때 아버지는 여름휴가와 같은 특별한 기간을 제외하고는 늘 회사사람들과 함께하셨다. 직장 상사를 극진히 모셨으며 부서장이실 때는 부하직원들을 엄청나게 챙기셨다.

우리 집에 숱하게 많은 직장 선후배들이 오셔서 밥을 먹고 함께 시간을 보낸 것으로 기억한다. 나는 당시 초등학생이었는데, 아버지의 직장 동료들이 집에 찾아와 같이 짜장면을 먹고 아파트 뒤편에 있는 초등학교 운동장에 가서 축구를 했던 기억이 생생하다. 당시에는 그게 일반적인 줄 알았다. 지금 와서 보니 물론 그 시절엔 집들이 같은 모임이 많긴 했어도, 아버지처럼 그렇게 자주 사람을 모으시고 밥을 사셨던 사람은 없는 것 같다. 아버지께는 그만큼 특유의 친화력과 리더십이 있었던 것으로 보인다.

물론 이렇게 사회활동을 활발하게 하실 수 있었던 것은 어머니의 남다른 내조가 있었기에 가능했다. 어머니는 정말 강인한 정신력과 철학으로 우리들을 양육하셨고 아버지의 사회활동을 지원하셨다.

아버지가 직장에 사표를 내시고 시작하신 사업은 몇 번의 큰 위기를 맞았지만 슬기롭게 극복하시고서는 금방 안정적인 궤도에 올라섰다. 사업을 하시면서는 특유의 리더십이 많이 발휘되었다고 본다.

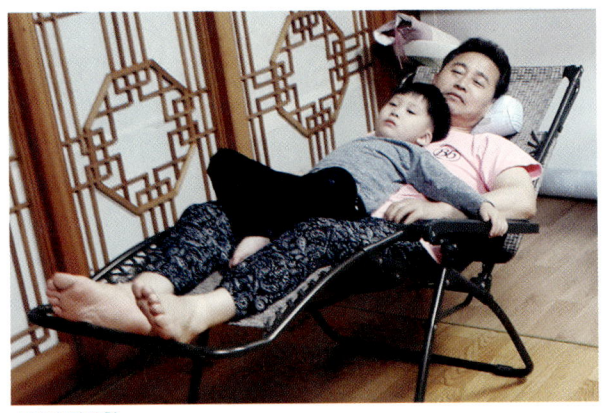

손자와 망중한

회사는 이익을 목적으로 하는 집단이지만, 아버지가 운영하시는 회사는 달랐다. '회사의 적정이익, 직원의 최대 행복'을 모토로 당시에는 잘 없었던 선제적인 복지정책을 펼치시며 남다르게 회사 직원들을 챙기셨다. 그 결과, 직원은 회사에 고마운 마음을 가지고 성심성의껏 일하고 회사는 더욱 성과를 내는 선순환 구조를 가져온 것 같다.

작은 중소기업에서 실시한 이와 같은 복지정책이 입소문이 나고 매스컴을 타면서 많은 회사들에서 비슷한 복지정책을 시행하고 사내에 시설들을 갖춘 것으로 알고 있다.

공교롭게도 나는 아버지가 일구신 회사를 승계해 대표이사로 재직하고 있다. 공부할 때나 이전 회사에서 근무할 때, 나는 비비테크의 입사를 전혀 고려하지 않았다. 나는 수학과 통계학을 전공하고 철강회사에서 커리어를 시작했다. 먼저 포항에서 전사 노무제도를 기획하고 운영하는 일을 했다. 회사의 기초인 근무제도와 근태, 임금, 노사관리 업무를 담당했으며 1만7,000명의 급여를 계산하고 지급하기도 했다. 당시에는 업무량이 많았지만 회사의 비전과 나의 비전을 일치시키고 회사의 성장이 곧 나의 성장이라는 생각으로 열심히 일했다. 덕분에 포항에서의 경험은 나에게 큰 자산이 되었고 인사노무 업무의 기초를 다질 수 있었다. 퇴직 전에는 서울로 발령 받아 채용팀에서 근무했다. 채용팀에서 근무할 때는 매우 재밌고 보람 있었다. 회사를 대표하여 대학생들을 만나고 채용 설명회를 진행했다. 수백 명에게 회사를 소개하기도 하고 한 명 한 명 만나 면담과 면접을 진행하기도 했다. 해외채용 업무까지 맡아 중국, 홍콩,

미국으로 다니며 회사의 비전을 설명하고 필요한 인재를 만나 설득하고 채용했다. 많은 에피소드와 재미있는 경험들은 다음을 기약하기로 한다.

아버지는 분명 비비테크에서의 나의 업무와 경영에 조언하실 부분이 많으실 것이다. 하지만 현재 회사 전체 경영을 맡기셨고 관여하지 않으신다.

비비테크는 2024년 창립 20주년을 앞두고 있다. 나는 '직원의 최대 행복 추구'라는 새로운 경영이념과 비전을 기초로 회사의 새로운 체계에 대해 고민하고 있다. 본원 경쟁력 강화와 새로운 먹거리 발굴이라는 중대한 책임감을 느끼고 있고 안정적인 고용유지와 회사의 성장을 위해 오늘 밤도 고민하고 씨름하고 있다. 인생의 2막을 비비테크라는 멋진 비즈니스 환경을 선물해주신 아버지께 무한한 감사를 드린다.

3대가 모인 가족사진. 왼쪽부터 시계방향으로 나, 손자, 아내, 딸, 손자, 사위, 손녀, 아들, 며느리, 손자, 손녀.

ⓑ 주식회사 비비테크

- 2004년 창립하여 클린룸 설계 및 핵심장비 제작 시공, 반도체 진공 배관 및 가스배관 유틸리티, 특수형 플랜지 제작 등을 하고 있다.

- "최고의 기술력을 확보해 최상의 서비스를 제공한다"는 경영 방침 아래 집약된 기술력을 바탕으로 반도체 유틸리티 업계 선도 기업으로 성장하는 동시에 클린룸 대중화를 이끌고 있다.

- 끊임없는 기술개발과 열정을 바탕으로 '가까이 있는 사람을 기쁘게 하면 멀리 있는 사람이 찾아온다'는 공자의 '近者說遠者來'란 글귀와 같이 가족과 직원, 고객을 항상 가까이 두고 즐거움을 드리기 위해 최선을 다하고 있다.

- 수원 산업단지 내에 본사를 두고 있으며 오산공장, 전곡공장, 양감공장, 화성 제부도연수원이 있다.

www.bbtech.co.kr

경영이념

1.
안전 최우선 경영   경영진은 '안전이 경영의 최우선'이라는 목표를 전 임직원과 공유, 정기 안전회의 및 간담회를 시행하여 현장과의 소통을 강화하고 위험요소 개선에 앞장.

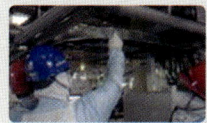  

안전정밀진단   안전회의 및 간담회   안전교육

2.
마인드   많은 안전사고가 작업자의 불안전행동에서 기인한다는 점에 착안, 사고예방을 위한 작업자 안전의식 고취 활동 중점 실시.

안전교육   안전토의   안전포상

3.
안전문화 정착   비비테크 환경안전 3대 중점관리

PJT 성공

 +  +  =

품질 · 납기 · 청결   보안 · 검색 · 절차   화학 · 안전 · 보건   **고객만족 · 매출신장**

4.
시스템   OHSAS 18001 인증을 통한 안전보건경영시스템 기반 구축, 국내 · 외 안전관리 우수기업 성공사례 발굴 및 적용.

www.bbtech.co.kr

 주식회사비비테크

비비테크 비전

창업과 도전 | 2005-2006 |
자생력 확보
- 수익확보를 통한 경영기반 안정화
- 독자 아이템, 신제품 개발
- 마케팅, 연구, 관리부문 Set up

확산과 강화 | 2007-2009 |
유망 기업으로 성장
- 시장조사 선점
- 글로벌 마케팅 기반구축
- 전문인력 육성

혁신과 성장 | 2010년 이후 |
- TOP LEVEL Resource유지
- 브랜드마케팅
- 분사 / 투자를 통한 기술거점 확보

회사개요

회사명	주식회사 비비테크 | **영문** BBTECH Co., Ltd.
설립일	2004년 4월 27일
소재지	경기도 수원시 권선구 서부로 1433-80(고색동)
주요사업	클린룸 설계 및 엔지니어링/Vacuum, Gas 배관 유틸리티, Bellows Parts류 반도체 장비 Part류 및 Clean Room Part 핵심장비 제작/불소코팅, 라이닝 및 반도체 배관 & Fitting 제작

회사연혁

2004 주식회사 비비테크 설립
삼성전자(주) 반도체 부분 HOOK-UP 협력사 등록
삼성전자(주) VACUUM LINE 협력사 등록

2005 ISO9001:2000 인증 획득
삼성전자(주)반도체 F/S1 Project Vacuum/Utility

2006 동탄사업장 준공 및 이전
특허: 반도체 장비용 DAMPER
특허: 유틸리티 멀티시스템의 구조
직무기피해소사업 과제 시행업체(중기청)
벤처기업 인증

2007 특허: 에어밴트 겸용 트레인 밸브 및 이를 이용한 드레인 장치
특허: 웨이퍼 처리장치 및 이를 구비한 반도체 소자 제조설비
대한민국 기술대상 산업자원부 장관상 수상
기술혁신형 중소기업 인증(INNO-BIZ)
직무기피해소사업 완료(벨로우즈 자동화용접기 개발)

2008 기술신용보증 A+ 우수업체 인증
기업부설연구소 설립 인증
경기유망중소기업 인증 수상
경기도 중소기업혁신대상 수상
수원시 우수중소기업인상 수상

2009 수원사업장 준공 및 이전
특허: 반도체 제조설비용 배기가스관 및 그 제조방법과 장치
국내 최대 반도체 전시회(SEMICON) 참가
비비테크-수원대학교 산학협동 협약 체결
신-노사문화정착 우수기업 공로표창 수상

2010 오산사업장 증설
제부도연수원 준공 및 개원
삼성건설 10년 Utility공사 협약 체결

2011	경기도 일하기 좋은기업(경기도지사) 수상
	납세자의 날 모범상(국세청) 수상
	KOSHA 18001 안전보건 경영시스템 인증
2012	해외법인 중국 상해지사 설립
	해외법인 미국 오스틴지사 설립
	특허: 크린엘리베이터카 및 탑승실 공기흐름제어 방법
	특허: 석영관 검사장치
	삼성물산 협력업체 선정 및 등록
	나눔과 봉사를 위한 만남의 장 행사 주관 실시
2013	해외법인 중국 서안지사 설립
	특허: 가스누설 확인 가능한 배관 클램프
	디자인 등록: 배관용 클램프
	기술혁신형 중소기업(INNI-BIZ) 재인증
	비비테크-협성대학교 산학협동 협약체결
2014	비비테크 창립 10주년
	특허: 가스누출 검지센서 및 이를 포함한 플랜지 조립체
	특허: 덕트 연결용 아답터 및 이의 조립장치
	인구의날 기념 성열학 대표이사 대통령상 국민훈장 목련장 수상
	경기도 일하기 좋은 기업 재인증
	일학습병행제 참여 기업 인증
	무역의날 백만불 수출의 탑 수상
	여성가족부 주관 가족친화 인증기업 수상
	KOSHA 18001 안전보건경영시스템 재인증
	ISO9001 한국표준협회 품질경영시스템 인증
2015	디자인등록: 플랜지 연결용 가스켓
	수원시 중소기업 대상 수상
	경기 유망중소기업 재인증 수상
	경기도 여성고용우수기업 수상
	고용노동부 강소기업 인증
	소재·부품기업 인증
	ISO 14001 한국표준협회 환경경영시스템 인증

사업영역

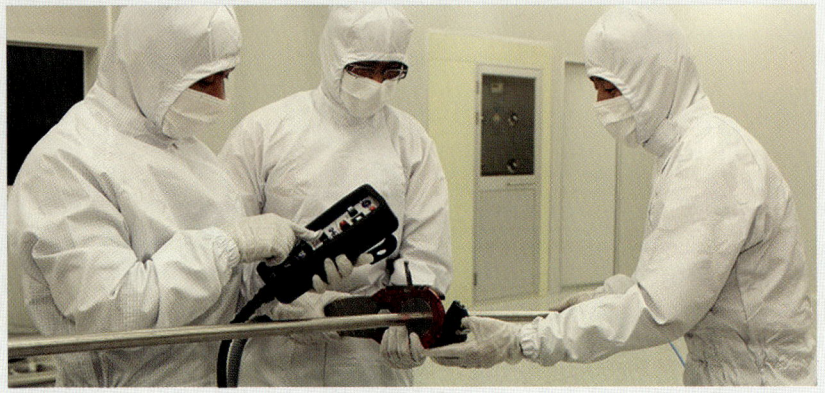

1. 반도체사업부

Total Utility Engineering_반도체 및 디스플레이 등 첨단산업에 필수적인 하이테크 유틸리티 파이핑(배관) 사업을 시작으로 유틸리티 시스템 부품가공과 조립생산라인을 갖추어 고객에게 원스탑 서비스를 제공. 기성품으로 공급되는 Part 외 품목으로 주문 가공품을 제작하고 기존 Spiral Duct, Flexible, PVC 재질 시공부 대체배관, 생산설비에 사용되는 각종 라인(가스, PCW, Exhaust, Drain) 배관설계 및 제작, 설치.

- **Utility Engineering**
  *장비에 공급되는 유틸리티 설계 및 엔지니어링(Sus Tube, Sus Pipe, Flexible류) / General Gas 공급 유틸리티, PCW유틸리티, Exhaust 유틸리티
  *생산설비(부대설비)-부대설비 간 유틸리티 Hook-Up / 설비와 설비 간 연결되는 유틸리티 훅업

- **Utility 구조 및 형태에 관계없이 Hook-up, 가능**
  *특수형 Flange, 특수 Reducer, 특수형 다기관 등

- 반도체 및 디스플레이 장비에 연결되는 각종 하이테크 유틸리티를 훅업하며, 첨단산업 특성상 클린룸 시설에서 작업 진행함으로써 파티클 발생 억제는 물론, 유틸리티 훅업 후 누설(Leak)이 없어야 하는 고품질을 요구하는 유틸리티 엔지니어링

www.bbtech.co.kr

2. 클린룸사업부

21세기를 향한 기술의 발달과 함께 첨단산업분야의 연구개발과 생산과정에서 중대한 방해를 초래하는 공기 중 부유입자를 제거하기 위해 생긴 것이 클린룸이다. 또한 공기 속에 부유하는 입자뿐 아니라 온도, 습도, 공기압 정전기제어 및 조도 등에 관하여 환경적으로 제어되는 밀폐된 공간을 말한다.

1) 산업용 클린룸 전자공장, 필름공장 또는 정밀 기기공장 등에서는 실내 부유 미립자가 제조중인 제품에 부착되어 제품의 불량을 초래하고, 사용 목적에 적합한 제품의 생산에 장애요소가 되어 제품의 신뢰성과 이율에 막대한 영향을 미치므로 공장 전체 또는 중요한 작업이 이루어지는 부분에 대해서는 필요에 대응하는 청정한 상태가 유지되도록 하여야 한다. 이런 목적의 청정 공간을 산업용 클린룸이라고 하며, 대단히 높은 청정상태가 요구되는 경우가 많다.

2) 바이오클린룸 세균, 곰팡이 바이러스 등의 미생물에 의한 오염의 제어를 주 목적으로 하고 살균을 병행하는 점이 산업용 클린룸과 다르다. 제약공업이나 기초연구를 행하는 연구소, 동물 실험시설, 병원의 무균 수술실, 식육 가공 등 의약품 제조에 필요하다. 일반 박테리아는 고성능 필터에 잡혀 제거되지만, 바이러스는 박테리아에 비해 대단히 작기 때문에 제거가 곤란하다. 그러나 대부분의 바이러스는 공기 중의 부유 미립자에 부착되어 존재함으로 공기 중 미립자를 제거함으로써 제거가 가능하다.

3) 클린엘리베이터 클린엘리베이터는 일반적으로 정밀을 요구하는 반도체 제조시설이 있는 장소에 적용되고 있으며 사람이 탑승하는 탑승실 공기의 먼지 오염도가 최소화 될 수 있도록 정화 되는 기능을 가진 장비이다. 공기가 균일한 풍압으로 필터를 통과할 수 있도록 하여 먼지 정화 효율성이 높고 먼지 오염도가 높은 층에서 먼지 오염도가 낮은 층으로 실내 공기가 옮겨가는 것을 원천적으로 차단한다. 반도체 제조공정이 이루어지는 Working area(1 class)에 설치 가능한 순수 국내 기술로 제작된다.

3. 제조사업부

IT기업의 특수설비 배관 및 Utility System 제품은 청정도가 매우 중요하므로 전체 제조 과정이 Clean Room에서 자체 제작, 조립하여 철저한 품질검사와 성능검사를 하여 생산된다. 특수 설비에 사용되는 부품들도 국제 규격 기준에 준하여 제작하며, 특히 박판 벨로우즈 제작은 특화된 자동용접 장비 개발로 성능 및 신뢰성을 높였다.

반도체사업 실적

- **삼성전자(주) 반도체 부문**   기흥캠퍼스 K1, K2 및 화성캠퍼스 H1, H2 유틸리티 셋업
  중국 서안 유틸리티 셋업
- **SK하이닉스 M7-11 라인 유틸리티 셋업**
- **ASML코리아 유틸리티 셋업**
- **니콘인스트루먼트코리아 유틸리티 셋업**

클린룸사업 실적

- **삼성전자(주)**   광주생활가전 SMD LINE Clean Room 1, 2차 개조공사
- **삼성전자(주) 해외법인**   중국 위해 · 소주법인 SMD LINE Clean Room 공사
  인도네시아 법인(SEIN) SMD LINE Clean Room 공사 등
- **국제엘렉트릭코리아(주)**   기흥사업장 · 천안 · 평택사업장 Clean Room 공사
  천안사업장 증축 Clean Room 공사
- **KCC중앙연구소**   열분석실 및 유기분석실 Clean Room 공사
  FILM PILOT Room 공사
  KCC 연구소 크린룸 Engineering
- **한국미쓰비시엘리베이터**   S1B Clean Unit 제작
  6, 7, 17Line Clean Unit
- **기타 다수 Consulting & Engineering**

www.bbtech.co.kr

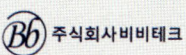

㈜비비테크 수상 인증 현황

2009.07	에어벤트겸용 드레인밸브 및 이를 이용한 드레인장치 특허
2009.04	신노사문화정착 우수기업공로표창 수상
2008.12	우수중소기업인상 수상
2008.12	중소기업혁신대상 수상
2008.10	유망 중소기업 인증
2008.08	기업 부설 기술 연구소 설립 인증
2008.04	WAFER PROCESSING EQUIPMENT 발명특허
2008.04	우수 벤처기업 확인서 취득
2008.03	FAMILY 우수기업 선정사 지정
2008.02	기술혁신형 중소기업 INNO-BIZ 인증
2008.02	UTILITY MULTI SYSTEM STRUCTURE 발명 특허
2008.01	수원시 우수기업 협력 지원사 인증/위촉
2007.12	대한민국기술대상 우수상 수상
2007.12	반도체 제조공정 배기용 DAMPER EQUIPMENT 발명 특허
2005.10	ISO 9001 품질 우수 경영시스템 인증

제대로 하는
정열 學